幸福比优秀更重要

李镇西 著

大夏书系 — 教师专业发展

第二版

Happiness is
More Important
than Excellence

2nd Edition

华东师范大学出版社
·上海·

图书在版编目（CIP）数据

幸福比优秀更重要 / 李镇西著. — 2 版. — 上海：华东师范大学出版社，2024
ISBN 978-7-5760-5014-1

I.①幸…　II.①李…　III.①教育工作—文集　IV.① G4-53

中国国家版本馆 CIP 数据核字（2024）第 099189 号

大夏书系丨教育新思考

幸福比优秀更重要（第二版）

著　　者	李镇西
策划编辑	李永梅
责任编辑	张思扬
责任校对	杨　坤
装帧设计	奇文云海·设计顾问
出版发行	华东师范大学出版社
社　　址	上海市中山北路 3663 号 邮编 200062
网　　址	www.ecnupress.com.cn
电　　话	021-60821666　行政传真 021-62572105
客服电话	021-62865537
邮购电话	021-62869887
地　　址	上海市中山北路 3663 号华东师范大学校内先锋路口
网　　店	http://hdsdcbs.tmall.com/
印 刷 者	北京汇林印务有限公司
开　　本	890×1240　32 开
印　　张	10
字　　数	232 千字
版　　次	2024 年 9 月第二版
印　　次	2024 年 9 月第一次
印　　数	6 100
书　　号	ISBN 978-7-5760-5014-1
定　　价	62.00 元
出 版 人	王　焰

（如发现本版图书有印订质量问题，请寄回本社市场部调换或电话 021-62865537 联系）

目录 Contents

序　中学教师李镇西（刘铁芳）/ 1
自序　"天空没有留下翅膀的痕迹，但我已飞过"/ 9

平和心态

是否还保持着最初的童心？/ 3
宽容与妥协 / 6
请谦逊一点 / 11
享受教育 / 14
幸福比优秀更重要 / 21
教师应该有着怎样的生命状态？/ 27

向我看齐

请走进我的青春时代 / 33
谈　心 / 37
课堂的魅力就是教师的魅力 / 40
我成长历程中的关键事件、人物和书籍 / 47
"告别童年，走向青春"班会实录 / 55

目录 Contents

引领成长

教师的成长就是我的成功 / 71
破除不读书的"理由" / 76
为了孩子的快乐和教师的幸福 / 81
教师的解放与超越 / 85
让我怎样感谢你? / 102
要改变世界应该先改变自己 / 128

校长现场

开学第一天 / 141
写给 90 年后百年校庆的一封信 / 154
走近孩子,影响教师 / 159
"售后服务" / 165
毕业典礼 / 169

师生之间

教师节的特别礼物 / 177
百感交集的聚会 / 182
以学生为镜 / 185
什么样的"好关系"才是"好教育"？/ 192
谁是我"最优秀"的学生？/ 198

编织童话

喷薄的记忆惊涛拍岸 / 207
青春可以万岁 / 220
我们的青春与未来 / 247
教育：我永远的"初恋情人" / 250
永远感谢谷建芬老师 / 272
在谷建芬老师家里 / 280

序

中学教师李镇西

常言"好的开始是成功的一半",事物的初始往往包含着事物发展的最重要的质素。镇西老师是这样开始他的教师生涯的:

学生们陆陆续续进校了,我朝教室走去。"老师好!"一个声音响起。我没有反应,继续朝前走。"老师好!"声音大了一些,我仔细一看,是迎面而来越走越近的一个男孩发出的,他分明是在叫我。原来是在向我问好啊!我赶紧很认真地大声回道:"你好!"

这是我听到的第一声对我说的"老师好",那份激动我至今还清楚地记得。这声问候提醒我,我已经是老师了,以后所有学生都会对我说:"老师好!"那一刻,我的眼前春暖花开。

33年后的今天,我问自己:"我还保持着最初的童心吗?我现在已经是许多人眼里的所谓'专家'了,可是,我内心深处还拥有当年第一次走进校园踏上讲台的那份纯情、那份憧憬、那份真诚吗？"然后，我又无愧地回答："是的，我依然保持着！"

  从教30多年，依然能清晰地回忆起第一次走向教室时学生的问好声，记得当时就对这朴实的问好产生了一种源自心底的感动，并且把这份初朴的感动保持至今。能够被一个人铭记30多年的事物一定是足以影响一个人的职业生涯的最重要的事物。李镇西之所以成为李镇西，正是从那一刻，从与学生相遇的那一刻所激发、展现出来的生命深处的感动，所昭示出来的生命气质，影响着李镇西的人生之路。

  那种素朴的感动何以可能？那种感动的产生正是一个人基于自我淳朴生命的向着学生的无条件的认同与开放性，直白地说，就是基于李镇西之自然天性的对孩子们的爱与无条件的接纳。

  2014年12月24日，我在北京和镇西老师一起参加中国教育三十人论坛首届年会。会议中间，偶然看到李镇西在微信上新发的一组和学生一起欣赏深秋银杏叶的照片，心底特别温暖。他在博客上以"冬日里的灿烂青春"为题，这样描述：

  今天，成都冬日融融。银杏树金黄的叶子还没完全褪尽。午后，我拿着相机在校园里捕捉美的镜头。本来我正专心拍银杏，结果呼啦啦跑过来一群孩子，争着要和我照相，还要我和他们一起抛银杏叶。我和他们跳着闹着，一个孩子在旁边用我的相机给我们拍照。一个女孩说："李老师，你好有童心啊！"一个男孩说："李老师，你好平易近人，我们好喜欢你呀！"孩子们叽叽喳喳，嘻嘻哈哈，我感到特别快乐！满目金色，但最灿烂的还是孩子们的笑脸。

这组照片跟他 30 多年前与首届学生在一起的照片几乎没什么质的分别，都是师生彼此的无挂碍，也就是无隔。他跟学生在一起的快乐，完全是一种怡然自得的快乐，是一种基于自我生命本真的快乐，是一种无需理论支撑的快乐，是一种真实地享受着和学生在一起的快乐。正是在与学生相遇的真实的快乐中，李镇西找到了教育的真谛：让人们因我的存在而感到幸福。这里的关键词是两个：

一是幸福，教育当然不只是单纯的幸福，教育实际上也不可能允诺每个孩子幸福，但好的教育一定要让人体验到幸福，找到内心的幸福，即找到自我在教育情景中的真实而愉悦的存在，由此而激活个人对教育的真情投入与对自我成长的美好期许，即使是冬日，也要真实地感受到自己青春的灿烂。个体成长的道路可谓漫长，但缺少了内心愉悦和充实，即幸福的体验，则个体成长就失去了灵魂。李镇西的所有努力，归结起来无非就是让孩子在日常教育生活中找到自我发展的灵魂，即找到自我生命本真的幸福感。

二是他人，每个人的幸福都跟他人分不开，幸福最真实的源泉正是来自与他人的相遇，好的教育正是在他人之中，并且通过他人来敞开自我。李镇西的努力无非就是努力以自我真实而完整的存在朝向学生，并由此而开启学生向着他人的存在，让师生彼此活在他人之中，活在彼此的共同存在之中。如果说幸福代表着教育的方向与主旨，那么和他人在一起，让他人因我的存在而感到幸福，就代表着教育的方法与路径。所谓的教育方法，或者说所有的教育方法，不过是让师生找到彼此共同存在，彼此激励，相互促进，最终彼此达成幸福体验的过程。在李镇西这里，教育的艺术其实就是跟学生在一起，带着童心，以及对学生的真诚的爱，全然无隔地融入孩子的世界，和他们一起发现美的事物、欣赏美的事物、创造美的事物、展现美的事物，进而以周遭美的事物来深深地唤醒、启迪学生的生命世界，也提升自我生命世界，并获得自身作为教师生命的最大成全与本真的幸福。正因为如此，从教33年的李镇西并没有总结出班主任兵法三十六计，他是在以自己朴实的行动诠释直抵学生生命的最本真的方法与路径。李镇西自身活生生的生命整体就是他的教育实践的最重要的、最根本的方法。

镇西老师爱学生而不滥爱，有童心而非幼稚，因为他还有一种难得的独立思考的特质与理性精神。换言之，作为优秀教师的李镇西不仅有其与当教师契合的天性与童心，同时还有不断增长着的不可缺少的反思意识与理性精神。他清楚地意识到爱的方向："爱，是教育的前提；但远不是教育的全部。由爱升华为责任——对孩子的一生负责，这才是教育的真谛。"他对自身身份有恰切的意识："先为人，次为知识分子，再为教育者，终为语文教师。"他特别关注批判意识与创造立场："知识分子的特质是思考，是批判，是创造。高素质教师应该是一个思想触觉十分灵敏的人；追求真理，崇尚科学，独立思考，保持个性，应该是每一个教育者坚定的人生信念。"他清楚地意识到这一切的基础乃是心灵的自由，"心灵自由，就意味着独立思考，意味着不迷信任何权威，意味着让思想的火炬熊熊燃烧"。不迷信权威，却不拒绝学习，恰恰相反，镇西老师总是在不断地亲近大师，走向先哲，理性精神的孕育源于其开放的心态与坚持不懈的学习、借鉴、思考。其中不能不提的就是苏霍姆林斯基，从李镇西的办公室到家里的书房，到处都摆着苏霍姆林斯基的著作。他曾在三峡旅游的轮船上走进《帕夫雷什中学》；曾坐在医院的病房里，一边守候病中的妻子，一边和苏霍姆林斯基一起进行《关于人的思考》；曾因阅读了《给青年教师的建议》《把整个心灵献给孩子》而坚定了一辈子做教师的信念。苏霍姆林斯基带给李镇西的当然不只是从教的信念，更重要的是爱心的启迪与立足学校细微的教育生活，踏实地观察、思考、探索，一点一滴地解决实际教育问题的能力。

如果说爱心乃是要保持教育实践的生命立场，即教育在任何时候都是为了成全鲜活的生命，爱是对生命最好的激励；童心是要保持教育实践的儿童立场，让我们任何时候都站在孩子的视角和儿童发展的立场上来思考、选择我们的教育行动方式，保持教育实践的儿童趣味与审美品格；那么，独立思考与理性精神则是要保持教育实践的文化立场与文明视域，即教育培养人乃是要培养朝向文化与文明的现代个体，不是培养孤芳自赏的神仙高人，教育也不是个人任性的行动，而是基于文化与文明的人类、民族的精神实践。在这个意义上，镇西老师给我们提供了一位优秀教师的人格范例，即永怀教育的爱心与童心，以独立思考、理性探究的方式，持久地在与一拨又一拨的孩子们相遇的过程中践行合乎人性的教育。

李镇西所写的并非什么高深莫测的大道理，他的所思所行不过是——确切地说是应是——教育的常识，孩子的成长需要成人世界的爱心与童心，儿童的理性发展离不开教育的民主与民主的教育。这里的关键不在于他用了何种严密的理论来论证这些主题，而是他在真切地实践。他并非单纯地想想这些教育的基本问题，而是全身心地去做，也就是用自我生命来诠释教育的理论常识。镇西兄著作良多，在我看来，最有价值的也许并不是他写了多少本书，而是他写的这些书背后所承载的饱含着师生倾情交往的生动的生命故事，这些故事中所蕴含的一拨又一拨儿童生命的健全成长以及这种成长中蕴含的美好教育的踪迹。他的著作不是给人以教育教学的秘笈，而是切身性的故事。与其说他是要告诉我们如何去做，毋宁说他是要把他所做的、所经历的呈现给大家，和我们一起思考。他带给我们的不是作为匠人的教师技艺，尽管他的诸多技艺也足以参照，但更重要的是故事中的他如何带着初朴的感动，以真实而完整的自我进入到当下的教育情境之中，以全身心开放的姿态，随时准备着进入与每一个儿童生命的整体相遇的情景之中。他所达到的高度不是或不只是用文字书写出来的，而是用他质朴而温暖的生命情怀与执着坚定的教育理想所抒写出来的教育实践的精神高度。

教师的价值在于我们自身，在于我们自身所抵达的教育的高度。堪称优秀的教师在自我抵达中不仅获得了自身存在的优秀，同样也获得了自我生命的完满，获得了教师的幸福。作为教师的李镇西是幸福的，这种幸福写在他的脸上，在他跟学生在一起的真实笑容里，在他谈论起教育问题时的热情与激昂里，他的幸福正是他作为优秀教师的自我酬报。一位优秀教师本身就是一种价值，一种不需要别的尺度来衡量的自主性价值。教师发展的基本方向是成为更优秀的教师，成为卓越的教师，而不是依靠当校长、局长来证明自己的价值，成为好教师本身就是一种价值。今日李镇西也是一位普通中学的校长，但他的本色就是一位老师，一位离不开学生、离不开教室的中学教师。李镇西用他的生命实践来阐释什么是教师，什么是好的教师。

李镇西向老师们提出"幸福比优秀更重要"，其中所传递的意蕴就是，一个人不断地追求自我存在的优秀，但任何优秀的实践，都需要不断地回到自我本身，回到自我生命的充实与愉悦，即回到自我人生的幸福体验。唯其如此，这样的优秀才是建基于自我生命的，因而是真实的而非表演性的，是可以凭借自我生命的幸福体验而持久地坚持，而非为了取悦于人，以致弱化了自我在教师生涯实践中的存在，因而无法长久坚持。镇西老师的名气越来越大，即李镇西越来越优秀，但这种优秀的本源正在于中学教师李镇西始终坚持的自我本色，在于他中学教师的身份与世界中所释放、感受到的生命的充实与愉悦。换言之，正是他在学校生活中，在跟孩子们的生动交往中，在他得心应手、游刃有余的细微的教育实践中，所释放、展现出来的自我生命的真实的爱与创造力，滋养着他的名声与气象，他的名与气也就始终有着生动而真实的生命底蕴，他幸福地践行着带有李镇西生命痕迹的教育实践，同样他也在带有李镇西生命痕迹的富于爱与智慧的教育实践中幸福着。我们每个人的名声与气象都植根于我们自身的生命实践，当我们在优秀中幸福着，在幸福中优秀着，我们就在我们的优秀与幸福体验中抵达教育的真谛、生命的真谛。

正如阿伦特所言，每个人都具有开端启新的能力，每个人都可以成为社会的中心。一个优良的社会正是有无数个中心，每个人都向着世界散发出自己尽可能耀眼的微弱的光芒，这个世界就充满了光；每个人都尽可能地照亮力所能及的他人，每个人的前程便都会闪耀出希望；每个人自我的改变都是社会变革的一部分。李镇西就是以自己长期不懈的努力不断地让自己成为社会的微中心，影响着他所能及的人们，影响着越来越多的青少年学生、教师，他在以自己弱小但不可忽视的努力奉献于这个时代与社会。

近年来，一直感怀于鲁迅所写："优胜者固然可敬，但那虽然落后而仍非跑至终点不止的竞技者，和见了这样竞技者而肃然不笑的看客，乃正是中国将来的脊梁。"心中逐渐明白鲁迅所期待的"韧性"的坚持，我们身边"少有失败的英雄，少有韧性的反抗，少有敢单身鏖战的武人，少有敢抚哭叛徒的吊客；见胜兆则纷纷聚集，见败兆则纷纷逃亡"。民族的进步与社会的改进，绝不是靠一朝一夕的呐喊所能达成的，需要的正是无数像李镇西一样的，33 年不改初衷、坚持不懈、持续地往上走，而且能不断地享受这种坚持的人，这样的人才是中华民族真正的希望与脊梁所在。

收到镇西兄的微信,是在腊月二十八:"华东师大出版社要给我出一本教育随笔,我想请你帮我写个序言,怎么样?"心中真的有几分忐忑:我究竟该说些什么?羊年的春节就一直记挂着这份忐忑。今日勉强成文,心中所想的是说出我对李镇西何以成为李镇西的理解,以阐释我对作为我们的兄弟、朋友的李镇西的意义的一点思考。

刘铁芳

2015年2月21日初稿,3月24日改定

自 序

"天空没有留下翅膀的痕迹，但我已飞过"

一

华东师大出版社大夏书系告诉我，《幸福比优秀更重要》很受读者欢迎，出版八年来一直畅销不衰，计划出"第二版"。

《幸福比优秀更重要》的畅销不衰，多少让我有些意外，因为这并不是一本"严谨"而"规范"的著作，是我的微信公众号"镇西茶馆"上的教育随笔汇集，不是理论而是实践，不是道理而是故事。不过仔细想想，我所讲述的故事很容易引起老师们的共鸣，因此本书的畅销也在情理之中。

这次修订，更换了三分之一的篇目。借修订再版之际，我想再和读者们聊一聊"幸福比优秀更重要"这个话题。

我刚才说了，我的故事引起了读者的共鸣，是这本书畅销的主要原因。所谓"共鸣"，就是彼此有着共同的经历，或类似的体验，有着共同的感受和共同的情感，因而读者从我的故事中读到了自己。我经常说，教育就是在用情感和智慧书写自己的生命诗篇。作为一位许多老师比较熟悉的老教师，我的故事更容易传播，这是事实。但类似的故事不只我有，还有千千万万默默无闻的老师，他们每天也在自己的教室里和学生一起编织着教育童话，这些"教育童话"虽然因为创作者的默默无闻而并不广为人知，但同样芬芳，同样温暖着这些故事的主人公。

二

有一次，我在云南讲课，讲到我要出差，学生把我送到火车站然后又流泪追着火车向我呼喊"李老师再见"，全场500多位老师都静静地听着，有的老师在擦眼泪。我暂停了我的讲述，说："从在座老师们的表情上，我相信你们也有着类似的感受，有没有老师能够给大家分享一下自己的故事？"

一位中年男教师站了起来，他说："那年冬天很冷，我在家里烤火取暖时，不小心把火炉碰翻了，炭火烧伤了我的腿。因为我家离学校还隔着几座山，我只好在家里养伤，不能去学校上班了。说实话，平时习惯了每天和孩子们相处，一下子没有了他们，我在家里感到特别孤独，我特别想念孩子们。有一天，一群孩子翻山越岭来看我了，他们一看见我就抱着我哭了，说很想我。看着他们被冻得红红的脸蛋，我也流泪了。"

我至今不知道这位男老师叫什么名字，他在哪所学校工作，因为他太普通太草根了，可能没有什么荣誉称号（估计即使有，等级也不会太高），没有发表过文章，没有出版过著作，也没有开公众号，所以这么温馨的故事永远只存在于他和他学生的记忆中。但他所获得的幸福，和我这个别人眼中的"著名专家"所感受到的幸福，是等值的。

这样的一线老师，遍布于中国的大江南北、城市乡村，他们才是中国教师的主流。读《幸福比优秀更重要》，他们读到了自己；或者说，我通过这本小书，替许多普通老师表达了我们共同的教育情怀。

三

我当然知道，老师们除了收获幸福也有不少烦恼与郁闷，因为现在的"教育"还有不少并不幸福的"另一面"。比如，不高的经济待遇（当然，由于中国各地经济发展水平不平衡，不同地区老师的收入有差距）、不合理的职称制度、应试教育的"内卷"以及无休止的各种形式主义的摊派……都让已经变味的教育不再单纯，也大大降低了老师们的幸福感。所以，熟悉"镇西茶馆"公众号的粉丝都知道，这么多年来，我不但一次次撰文呼吁提高教师工资收入、改革不合理的职称制度、抵制"校园形式主义"乃至弄虚作假的"任务"，而且还多次以省、市人大代表的身份，写出相关议案，以期教师待遇和教育环境能够早日改善。不能说我这些努力取得了明显的成果，但至少于我所在的区域，还是取得了虽不那么显著却的确"看得见摸得着"的效果。

然而，种种教育弊端的彻底根除，显然不是一个早晨就能实现的，这需要时间，而且这时间恐怕不短。改善或改造中国教育是一条漫长的道路，不是我几篇文章就能扭转乾坤的，这需要更多的人为之努力，特别需要国家有关部门加强顶层设计与推进战略改革。

问题是，当大环境暂时无法改变时，我们还做不做教育了？或者更加通俗一点说，我们还"活不活"了？

对绝大多数普通老师来说，当然还得"活下去"，那么怎么"活"，就全取决于自己了。

四

我曾在和一位年轻老师谈心时说过："如果你的职业没让你感到幸福，反而让你痛苦时，你只有两种选择：要么改变职业，要么改变职业心态。"其实，还有第三条路，就是改变教育的大环境，让教育的各种制度（尤其是教育评价制度）更合理，这样也能让自己获得幸福，至少能减轻许多痛苦。但是，刚才我说了，这"第三条路"不是哪一个人能够做主的，也不是一朝一夕能够成功的。所以，对每一位老师来说，其实也就只有我说的"改变职业"和"改变心态"这两种选择。

选择"改变职业"并不可耻，说不定换一个职业更符合自己的兴趣爱好、个性特长，但估计中途改变职业并不那么容易，且不说有的老师可能已经不具备年龄优势，也不具备他所喜欢职业的专业特长，单说现在就业形势那么严峻，哪有那么多的职业能让你随心所欲地"改变"（其实是"改换"）啊？

所以，对一些不满意自己职业的老师而言，"改变心态"是一个比较现实而可行的选择。关于如何"改变心态"，我在本书中已经谈得不少，这里不再赘述，但我还是想讲一位老师的真实经历。

这位老师叫汪敏，她是我在乐山一中教书时所带的高90届一班的学生。当年汪敏于西南师范学院（现在的西南大学）中文系毕业后，先被分配到北京一所中学教书，两年后为了爱情去了丽江，在一所高中担任语文教师和班主任。她的日常教育生活，和无数像她一样的普通教师一样，平凡而不平庸。

"平凡",是说她每一天备课、上课、批改作业、找学生谈心、处理班上的各种杂务……"不平庸",是说她用心和学生相处,爱着学生,也被学生爱着,体会着点点滴滴的教育幸福。

汪敏当然也有烦恼,比如职称。由于种种原因,无论是实绩还是教龄都符合高级职称要求的她,却迟迟没评上高级教师职称。那年我去看汪敏,她陪我逛丽江古城。聊起这事,我问她是否因此而影响职业热情,她说:"如果我不做老师,可能我现在很肤浅。因为我是老师,在教书中我也得到了提升,得以成长。我现在是中级职称,不打算申报高级职称了。只要我认真上好每一堂课,认真批改每一本作业,用心爱每一个学生,我就知足了。学生的爱比什么都重要。"

那一刻我非常感动,觉得汪敏的心依然还和30多年前做我学生时一样纯净。我对她说:"你的心态是对的,老师纠结于自己无法解决的职称,只会更加郁闷,而不会获得教育的幸福。但是,我不主张你放弃,该努力的还得努力,依据有关条件和程序申报高级职称,这是你不可被剥夺的权利,为什么要放弃呢?只是不要把它当作你工作的唯一动力,你的教育心不要被它束缚。"

最近汪敏在微信上告诉我,她评上高级职称了。我特别欣慰。

五

"幸福比优秀更重要"这个命题,并不意味着"优秀"不重要——这里的"优秀"特指来自各种评比的荣誉和专业职称的评定,在某种程度上代表了外界对我们职业素养和专业能力的认可,这也是我们自身价值的一种体现;但这些"评比"和"评定"很多时候由不得我们自己,能够获得这些"优秀",有时候并不完全看我们自己的才干与成就,还与各种人为的复杂因素有关。在这种情况下,我们必须向内审视,追求我们能够做主的幸福感,正如我在本书中所说——

"优秀"与否是别人的评价,"幸福"与否是自己的感觉。

"幸福"和"优秀"都重要,只是前者比后者更重要。多数情况下,可能"优秀"不易。那我们就选择"幸福"吧!

只是,如果"优秀"也能得到,那又何乐而不为呢?这就是我劝汪敏不要放弃申报高级职称的原因。一不偷二不抢,自己条件符合相关要求,干吗不申报?报不报由我,评不评随你。如果成功,那当然太好啦;如果暂时没评上,甚至永远都无望,虽然有些失落却不必绝望,因为还有来自学生、来自讲台的源源不断的教育幸福。

六

我在武侯实验中学工作时,有一个同事叫蒋长玲,其优秀是公认的,最近几年不断被邀请到全国各地讲学,因而渐渐有名。可她至今仍是一位中级教师。前不久我和她见面,我问起她的职称,她很平静地说:"李老师,我还有十多年退休,在退休之前,我不可能评上高级职称了,因为我算了算,在我前面还有几十位老师排着队,他们的资历和成就都比我强,轮不上我。不过,我现在也想开了,我干脆不评了,也不去想了,我就安心地上我的课,带我的班,也挺好的。"

我为她感到有些遗憾,也为她的心态而感到欣慰。

我希望国家别因普通老师的"不争"便放弃有关改革,任由某些制度的弊端存在。作为普通教师,我们只能把握我们能够把握的东西。既然"求"别人没用,那就反求诸己吧!这不是自我安慰、自我麻醉,而是一种自主选择、自由发展的积极人生态度。

是的,对于绝大多数老师来说,也许"优秀"是显赫的,而"幸福"是寂寞的,是日复一日地陪伴着一群又一群孩子,看着他们慢慢长大。马克斯·范梅南说:"教育学,就是迷恋他人成长的学问。"而我要说:"迷恋学生成长的人,将永远被学生迷恋。"

只要幸福,不"优秀"又何妨?泰戈尔早就说过:"天空没有留下翅膀的痕迹,但我已飞过。"

2023 年 8 月 30 日

平和心态

是否还保持着最初的童心？

从教整整 33 周年了。至今还记得我第一天走进乐山一中校园的情景。

那天早晨,我很早就起来了,骑着自行车来到校园时,大多数学生和老师都还没到校呢!我一个人站在操场上有些激动,仰望天空那朵朵花儿一般的朝霞,觉得整个世界都在张灯结彩祝贺我,祝贺我这个新老师。我想,我就要在这里开始我的教育人生了,在这所学校,我也许会工作几年,也可能是十几年、几十年,直至退休。当然,也许我会中途调离,但我这一辈子都会做教育,这是毫无疑问的。

学生们陆陆续续进校了,我朝教室走去。"老师好!"一个声音响起。我没有反应,继续朝前走。"老师好!"声音大了一些,我仔细一看,是迎面而来越走越近的一个男孩发出的,他分明是在叫我。原来是在向我问好啊!我赶紧很认真地大声回道:"你好!"

这是我听到的第一声对我说的"老师好",那份激动我至今还清楚地记得。这声问候提醒我,我已经是老师了,以后所有学生都会对我说:"老师好!"那一刻,我的眼前春暖花开。

33年后的今天,我问自己:"我还保持着最初的童心吗?我现在已经是许多人眼里的所谓'专家'了,可是,我内心深处还拥有当年第一次走进校园踏上讲台的那份纯情、那份憧憬、那份真诚吗?"然后,我又无愧地回答:"是的,我依然保持着!"

今年5月,我请北京的著名小学语文特级教师王文丽老师来我校附属小学讲课。刚走进校园,一群孩子看见我,便飞奔着向我跑过来,一边跑一边叫:"李老师,李老师……"跑近后,也没有什么事,就往我怀里钻,在我身上蹭,嘻嘻哈哈,叽叽喳喳。当时王老师说:"李老师,孩子这么喜欢你啊!你看,一见了你就直往你怀里扑啊!"

孩子们喜欢我,是因为我也很喜欢孩子们。而这种"喜欢"正是我当年踏进校园最原始最朴素的原因。30多年后这份情怀依然纯净。

无数人问过我:"李老师,你有没有过产生职业倦怠的时候?"我说:"如果我说我也有过,你们可能会觉得我很'真实',会认为李老师'是人不是神',但那恰恰不真实,因为真实的情况是,我从来没有产生过职业倦怠。我知道现在有人也许认为我的答案'很假',但我必须诚实。"

随时都和天真无邪的孩子们在一块儿,这是何等开心!从事如此开心的职业,怎么会倦怠呢?

怕就怕本来一颗纯净的心渐渐蒙上灰尘。工作第一天,面对孩子们叽叽喳喳的"老师好",你会感动,会欣喜,进而也激动地大声回应"同学们好"。10年之后呢?同样是面对孩子们叽叽喳喳的问候，你可能已经不激动了，只是用鼻子"嗯"一声，算是回答。再过20年，当又一批孩子同样叽叽喳喳地对你说"老师好"的时候，你甚至可能因为习以为常而不屑搭理了。如果真的那样，说明你的童心已经失落，而幸福则已经离你远去。

职业倦怠往往体现为不再激动，不再欣喜，校园的一切对于你来说，都司空见惯，都麻木不仁，一切都是"就那样"。

苏联教育家阿莫纳什维利说得真好："谁爱儿童的叽叽喳喳声，谁就愿意从事教育工作；而谁爱儿童的叽叽喳喳声已经爱得入迷，谁就能获得自己职业的幸福。"

第一天踏上讲台的时候，我们是那样纯粹，没有功利心，没计较过收入，没想过如何算"工作量"，也没想过什么"教坛新秀""市优青""省级骨干教师"之类，想的只是怎样把眼前的这一堂课上好，怎样把眼前这群孩子带好。那时候，教育就是教育，而不是"荣誉"，不是"职称"，不是"论文"，不是"课题"……课堂上孩子们一双双亮晶晶的眼睛，下课后孩子们一声声无邪的笑声，就是我们全部的追求。

因为单纯，所以快乐。

请每一位教育者经常问问自己：现在，"我"还是这样的吗？

2013年12月27日

宽容与妥协

几年前我送走的一个毕业的学生,大学毕业后刚踏上教育岗位,便遇到一些困惑:"学校的领导太虚伪""同事都很世故""处处都是陷阱""理想处处碰壁"……她来信问:"李老师,我该怎么办?"

虽然是她的"李老师",但我完全不具备"人生导航""指点迷津"的资格,因为我的人生就不能算完美。虽然已经年逾半百,可我至今并不擅长"外圆内方""拿云握雾"的处世技巧。但几十年经历中的一些教训,让我从反面得到的一些人生启示,可以给她一点建议,正所谓"久病成医"。

我想,如果我的人生能够回到20岁重新开始,我将以"宽容"与"妥协"作为我待人处世的准则。

什么叫"宽容"?我在网上搜索了一下它的释义:原谅,饶恕,不予以计较追究。《大英百科全书》第二十六卷1052页写道:"宽容一词来源于拉丁文 tolerare(忍耐,容忍):允许别人有行动和判断的自由,对不同于他自己或被普遍接受的方针或观点持有耐心而不带偏见的容忍。"

这个解释告诉我们,"宽容"是基于两个前提:一是人都有不完美的地方,都会犯错误;二是每个人都有自己独特的想法和一些独特的行为方式。

既然每一个人都不完美,这个"每一个人"就包括自己,也就是说自己也需要别人宽容。如果人人都不宽容,那没有一个人能够在这个世界上正常地生存——更不要说生活了。

既然每个人都是一个独特的宇宙,都有着属于自己的心灵世界,那么只要其思想和行为不妨碍他人,我们都应该容忍。因为你在宽容别人的同时,别人也在宽容你。

当然不同的人,其宽容度是不一样的。面对同样的思想与行为,有人能够宽容,有人无法忍受。不同的人所拥有的宽容度在这里体现了出来。当然,宽容也是有底线的,这里的底线是"法律"。不过你想想,日常生活中,哪有那么多能扯到"法律高度"的事儿啊!

比如,如何对待周围人对自己的"议论"就很考验我们的宽容心。

我们平时所遇到的来自同事的议论,不外乎三种情况:中肯的批评、善良的误解和恶意的中伤。对于中肯的批评,我们应"闻过则喜",不应"一触即跳"。既然是自己错了,"跳"也没用——那只会显得自己心胸狭隘。有的人也许会说:"既然是中肯的批评,为什么不当面向我提出,而要在我背后议论呢?"我认为,只要人家说得对,就别计较别人是当面提出还是背后议论;如果硬要"计较",不妨"计较"一下:为什么别人不愿向我当面提出呢?真的这样一"计较",可能又会"计较"出自己的一些不足——这不又有利于自己进步了吗？对于善良的误解，也应心平气和地对待。同事之间，在性格特点、处事方式、思维角度乃至教育观念等方面的差异是客观存在的，所以，某些正确的见解与做法暂时不被人接受甚至遭到误解，这是难以避免的。既然人家没有恶意，也就大可不必怨恨人家。明智的做法是，能够解释的尽可能解释，一时解释不清的干脆不解释，自己该怎么干就怎么干；要相信"日久见人心"，更要相信"事实胜于雄辩"——消除误解的最好办法莫过于做出让人信服的成就。至于恶意的中伤，我们是不是就应该"奋起自卫""迎头痛击"呢？我的体会是，仍然尽可能地宽容。恶意中伤者是小人，本不是一个档次的人，他根本无法理解你的思想境界，更无法进入你的精神世界，你何必与他一般见识呢？当然，同事的议论，绝大多数还是属于中肯的批评和善良的误解，真正恶意的中伤是极个别的。因此，面对不那么中听的议论，我们的确应以宽容之心待之。

　　从某种意义上说，你对别人的宽容度决定着你的幸福感。宽容度越高，幸福感越强。反之，你这也见不惯，那也见不惯，成天都在抱怨，都在埋怨，人家不会因为你的抱怨和埋怨而有任何变化，最后你自己倒是一肚子气，人际关系也搞糟了，而且这都是你自己给自己造成的。

　　每一个人都有着独特的优势，同时又都不完美，人与人之间才有了互补的可能；每一个人都个性鲜明，这个世界才丰富多彩。

　　心中装着天使，眼前一片光明；心中装着魔鬼，眼前一片黑暗。

　　再说"妥协"。所谓"妥协"，简单地说就是"让步"。但这个"让步"不是消极地退让，而是积极地以"让步"获益。人生有许多我们就算一意孤行也迈不过去的坎，所谓"有志者事竟成"更多的是一种激励,而不是生活的必然。但通过妥协,我们不但可以绕过一道道坎,而且还能有所收获。这个"收获"也许并没有百分之百地实现我们的理想,但总比一无所获好,何况眼下有限的收获却为将来更大的成功奠定了基础。所谓"退一步,进两步"。

20年前,我教完高三重新教初一时,曾给学校领导提出了一个大胆的建议:能否将入学考试中的最后几十名学生,也就是俗称的"后进生",编成一个班,搞真正的素质教育实验?但学校领导不同意,他们担心由后进生组成的班级可能连正常的教学秩序都无法保证,谈何"素质教育实验"。我对学校领导说,消除这个担心的最好办法,是选派最好的老师到这个班去任教。而且,我明确表示,我愿意担任这个班的班主任和语文老师。可学校领导的想法是让我带"重点班",毕竟升学压力实在太大。我想教"后进班",学校却要我带"重点班",僵持不下。最后我和学校领导经过谈判,各自让步:我答应带"重点班",他们答应我教"后进班"。于是,我同时担任了两个班的班主任和语文教师——两个班的学生总数达131人。这当然给我带来了前所未有的工作量和压力,但也以此换来了我真正的教育实验——转化后进生。如果我不答应带"重点班",学校也不会同意我教"后进班"。这就是"妥协",这就是和生活谈判。我觉得值。后来我在这两个班同时进行素质教育实验,成果颇丰,就是那次妥协的结果。

另外,有时我们之所以感到"理想在现实面前碰得头破血流",是因为我们有许多不切实际的诉求与愿望,好像生活就应该为我们打开一扇又一扇光明的门,但这个世界并不是你也不是任何人的"私人定制",哪会处处都让你感到"面朝大海,春暖花开"?因此,降低生活的期望值是必要的,甚至是必须的。当你用"理想"

去苛求"现实"时，你会时时感到沮丧；但当你适当放弃一些不切实际的目标而根据实际情况调整自己的追求，你会觉得人生道路其实还是很宽的。

我还想强调的是，妥协并非不要理想，更不是放弃我们的积极追求，而是让我们的理想和追求能够"接地气"。不要老想着怎么做才"最好"，而要多想怎么做才"可行"；在"可行"中达到"更好"——而不是"最好"。因此，生活的艺术其实就是在理想与现实之间达到最佳的平衡，而平衡的途径之一就是妥协。

其实，妥协还基于对我们自身素质能力的客观评价。过高地估计自己的素质能力，是"理想与现实碰壁"的主要原因。明明只能挑一百斤，你非要挑两百斤，当然只能被压垮。当年我要求从成都市教科所回到学校工作时，局长曾经考虑过让我去一所全国名校任职，说实话，这可能是很多想干事业的人所梦寐以求的机会。但我想了很久，觉得局长高估了我的能力，我其实是难以胜任这个职位的，于是我主动跟局长提出放弃，而到了一所城郊接合部的学校。这种放弃，其实是另一种形式的进取。因为从改革的角度看，那所名校已经非常显赫辉煌，可供突破的空间已经不多；而我后来执教的城郊学校则几乎是一张白纸，我可以大显身手。后来面对学校取得的成果时，我想，我的命可能就是在这样的学校干事儿。所以，片面而极端地追求理想，理想不可能实现；而不"死心眼儿"，不"在一棵树上吊死"，适当让步，适当"认命"，说不定离理想会越来越近。

宽容，是对别人言和；妥协，是与生活共赢。

2014年6月13日

请谦逊一点

前不久某出版社为我的新著做封面，让我看看样稿。封面上两行字赫然醒目："一位卓越的教育实践者，一个杰出的教育思想家"。我吓了一跳，赶紧对编辑朋友说："千万不能这样写！又是'卓越'又是'杰出'，还'思想家'，我哪敢当？"但编辑朋友说封面上总得有两句对作者的评价。我说："实在要写，就写'一个真诚的教育思考者，一位执着的教育实践人'。"他跟我讨价还价："还是'实践家'吧！"我寸步不让："不要'家'！"他说："哈哈，理解李校长。我们从商业逻辑上更喜欢用点有煽动性的词，尤其是在封面上。"我说："我就怕你们'煽动'。"

前年，某出版社在我新著的"作者介绍"中，用了大量夸张的描述："著名教育家""成就卓著""提出了一系列在全国产生轰动效应的理念""在广大教师中有巨大的号召力和影响力""其事迹震动了中国教育界"……我当即给出版社打电话："你们这样写我，我都不好意思把这书拿去送人！"他们希望我理解，这是

"营销的需要",我说:"可你们却让我无地自容,羞死人啦!"后来我重新写了一份"作者介绍":"李镇西,一位深受孩子喜爱也深深爱着孩子的老师。先后在多所中学担任班主任和语文教师,现供职于成都市武侯实验中学。他的教育理念是:朴素最美关注人性做真教育,幸福至上享受童心当好老师。"

再早一些,出版社爱在我著作的封面上写上诸如"著名教育家""中国的苏霍姆林斯基式的教师""一本改变千万教师的教育名著""一首感动广大读者的教育诗""一个永远美丽的教育童话"之类的话。这些让我脸红的广告词,经我的一再请求,最后都从我的书上消失了。

也许有人会说我"矫情",我说我是"真情",因为清醒地认识自己并真实地表达自己比什么都重要,这是对自己的真诚。也许有人说我是"虚心",我说我是"心虚",因为我早就说过:"和老一辈大师相比,我们连学者都谈不上!"

我们正处于一个空前浮躁的时代,教育界也充满喧嚣。什么话都敢说,什么词都敢用,什么牛都敢吹!而且特别喜欢用"中国"做定语——看看一些文章或著作的作者介绍:"中国著名什么什么""中国什么什么第一人""中国当代最有影响力的什么什么之一""在中国教育界掀起一股旋风"……常常接到一些培训班的通知,上面对主讲人的介绍也是让人目瞪口呆:"中国自主管理班级理念的首倡者""中国德育与法律之关系研究的先行者""中国班主任集体研究的奠基人""中国班主任队伍中的'教育奇才'""班主任工作专业化的第一人和杰出的实践者""中国天使教师""中国最具震撼力的班主任""中国班主任中的军事家"……其实,这些称谓未必是人家本人的意愿,但如此不着边际地吹捧,恰恰损害了这些优秀教师的形象。还有，动不动就说"奇迹""辉煌""颠覆""刷新""划时代"等，真是"语不惊人死不休"。再看一些教育会议的名称，也就一个研讨会，却冠名"高峰论坛""卓越论坛""尖峰论坛""中国教育的博鳌论坛"，还有什么"武林论剑""巅峰对决"等，让人感到中国教育刀光剑影，血肉横飞。

我想到吴非在《力戒浮躁》中的一段话："不要动不动就吹牛，说自己做的事全是'史无前例''开创性工作''成功地改造了什么''填补了什么空白'……你把本领域的文献全看过了吗？你把中国的、外国的'史'全读了？还有，那些贻笑大方的故事，听得还少吗？"

我想到泰戈尔在《飞鸟集》中的一句诗："瞬间的喧声，讥笑着永恒的音乐。"

2014 年 6 月 24 日

享受教育

昨天中午吃饭时,女儿说:"爸爸,今天一位阿姨对我说:'你爸爸一生就两个字:奋斗!就是只知道工作,工作,是个工作狂。'"

女儿说的那位"阿姨"是我非常尊敬的一位教育专家,也是我多年的朋友。无论是作为教育专家,还是我的朋友,她应该是很了解我的。但她对我的评价是"奋斗",我觉得并不准确。

很多年前就有人说我"不食人间烟火",这个我承认,因为我不吸烟嘛,自然不食人间"烟火"。还有人说我不喝酒、不喝茶,"那你活着还有什么意思呢?"作为成都人,我居然连麻将都不会打,这更让人匪夷所思了,觉得我"简直就是外星人"。同时,他们又看到我那么沉醉于我的课堂、我的班级、我的学校,连节假日都和学生在一起,而且还写了那么多的书,这不是"工作狂"是什么呢?于是又有人感慨:"工作怎么能是人生的全部呢?""这样的人生太可怕了!"

我对女儿说:"用'奋斗'来概括我的生活,并不准确。应该换个词——享受。我一生就两个字：享受。"

且不说我爱好音乐，爱好旅游，爱好摄影，爱好读书，爱好写作……读书和写作可能会被很多人看作是领导布置的任务甚至苦差事，但对我来说的确是爱好，这些爱好让我享受了生活的乐趣；单是我的本职工作就让我获得了无穷的享受。

是的，我是在享受我的工作，或者说我的职业。

也许有人会不以为然："您现在是特级教师了，是教育专家了，著书立说，功成名就，当然可以说'享受'了！我们这些普通教师，哪敢说'享受'？"

我现在的确是"特级"了，是"专家"了，但我十多年前呢？那时也就是一个普通教师而已，但我依然享受着教育。似乎可以这样说，如果没有我三十年如一日的"享受"，就不可能有今天某些人眼中的所谓"功成名就"。

这样说，好像我一开始就是一个很有"理想"的人，早就想到要"功成名就"。不对，从本质上说，我是一个胸无大志的人。说到这里，肯定又有人会大跌眼镜："你可是我们的榜样啊！怎么会'胸无大志'呢？"我知道这样说会"自毁形象"，但我得说实话呀！我参加工作第一天起，就没想过要"改造中国教育"。那时候，教书对于我来说，不过就是职业而已，挣工资吃饭罢了。

但是，我这个人有一个天性，就是喜欢孩子。看到天真活泼的孩子就打心眼里开心。现在也是这样，走在街上看到年轻的妈妈推着天真无邪的婴儿，我总要呆呆地盯着孩子看，甚至忍不住想伸手去摸摸孩子的脸蛋。当然，也只是想想而已。素不相识的，我哪敢真的把手伸过去？不过，假装同路而跟着孩子走很长一段路的情形是经常的。因此，我一参加工作，很快就融入到了孩子们中间，和他们一起玩一起乐，开心得不得了。当然不只是课余时间和孩子玩才觉得他们可爱，在课堂上孩子们一双双亮晶晶的眼睛凝视着我，那更是一种享受。为此我曾经写下一首诗《眼睛》并发表了。我在课堂上给孩子们读小说，读诗歌，读报告文学……孩子们随着我激情澎湃的朗读和手舞足蹈的激昂或开怀大笑，或泪流满面，那氛围让我觉得做教师真好！历届学生都说听我的课是一种享受。其实，置身于孩子们专注目光的包围中，对我来说才是一种享受呢！那时还没实行双休日，周末只有一天休息。可每当周六下午放学孩子们跟我说"李老师再见"时，我心里总是很惆怅——要后天才能再见到这些孩子啊，一天啊，时间是那么漫长！

　　应该说，我是被孩子们一次次感动着，逐渐有了一点点教育的责任感的——也仅仅是责任感，而远远谈不上什么"使命"。这些感动我的故事，我在《爱心与教育》《走进心灵》《心灵写诗》等著作中已经写了很多很多，这里不再赘述。人心都是肉长的，因为感动，我自然会想，孩子们对我这么好，如果我不把他们教好，那我真是没良心！那么怎么才能把他们教好呢？那就研究每一堂课呀，研究每一个学生呀，研究过程中自然要读相关的书，读的过程中自然会有想法，再把这个想法拿到实际中去试试，哟，这不就是后来所说的"教育科研"吗？有了效果，我自然便有了成就感，而这成就感不就是享受吗？这享受的感觉反过来又促使我更加投入到我的工作中去，投入到我的学生中去；凡事只要投入，没有不出成果的，所以我全身心地投入，又取得了成果——无论是语文教学还是班主任工作，这些成果，又促使我继续"投入"。这样的良性循环，让我欲罢不能，乐此不疲。

　　随着教育经历的丰富，我的实践和思考更加深入，渐渐地看到了许多教育弊端，我觉得我的学生不应该这样度过他们的校园生活，我便想力所能及地改变我能够改变的，比如我的课堂、我的班级。于是我有了可以称作"使命感"的精神动力，顺理成章地便有了一系列的"创新"和"改革"——其实最初大多都是"打擦边球"的"另类做法"。几十年过去了，我的一些做法被越来越多的人承认，还说我"影响了无数普通的教师"，这似乎更是我有"使命感"的证明了。但追根寻源，当初也不过是兴趣和良知而已。

我觉得我热爱教育还有一个原因，就是我一直是一个"文青"，包括现在，我女儿都爱说我是"老文青"。从小我就喜欢文学，喜欢写诗。后来没能当上专业作家或诗人而做了教师，但我参加工作不久就发现，教育和文学有着天然的血缘关系。人性、灵魂、感动、诗意、纯真、情趣、敏锐、童心、真性情、心灵激荡、泪流满面……这些既是教育的，也是文学的。我完全可以把文学梦托付给教育，或者说得更直接一些，我完全可以把教育当诗来写——

当我和学生用身体在冬天的峨眉山雪地上摆成"一班"两个大字时，我觉得我们在创作最浪漫的童话；当我和后进生一次次谈心，看着他一次次进步，而又一次次反复，然后又一次次进步时，我觉得我的教育生活胜过任何故事惊心动魄、情节跌宕起伏的电视连续剧；当我翻开一本本我给历届学生编撰的班级史册时，不同年代学生的面容浮现在眼前，让我或沉思或微笑甚至热泪盈眶，我就觉得每一个班都是我的一行诗，而《未来》《花季》《童心》《恰同学少年》《花开的声音》等一本本班级史册便铸成了我的教育史诗，或者说，我就一直生活在芬芳纯真的教育诗篇之中；当看着我一届又一届学生唱着谷建芬老师为我们谱写的班歌，而且一唱就是30年的时候，我就觉得我把每一个平凡的日子缔造成了一个不朽的传奇，或者说我用了几十年的实践导演了一部属于我的青春大片，这部大片的名字叫作——"致我们永不逝去的青春"。

我对教育从来就没有过超出职业的奢望，比如我工作那么投入，做了那么多校长并未要求我做的事情，可我从来没有想过要校长表扬我，或者"破格"提拔我，也没有想过学生和家长要对我"感恩"。因为我从来都认为，我所做的一切都是我应该做的——我领了工资呀！我要对得起工资。至于我做了校长并未要求我做的，比如带学生到处去玩，包括去探险，还有给学生编了那么多的书，这些书和应试一点关系都没有，纯粹就是为了他们将来有充满人性的温馨记忆……这些事我愿意做是因为我觉得学生对我太好了，我心甘情愿地要回报他们。

是的，我说的是我要回报我的学生。这话听起来好像有些别扭，因为我们听惯了要学生"感恩老师"的话。可我要说，我们做教师的，教书育人是我们的本分，不是周末"学雷锋"，每个月领的工资，其实就是学生的家长们通过国家工资的方式给我们的报酬。有什么"感恩"不"感恩"的？我们去商店买了东西，会对营业员"感恩"吗？我们乘坐公交车，会对驾驶员"感恩"吗？当然，我们应该尊重每一个为我们服务的劳动者，这是教养，也是文明。但尊重不等于一定要"感恩"。至于现在许多老师苦口婆心地教育学生要对老师"感恩"，甚至还有学校领导直接叫毕业生给老师买礼物表示"感恩"，这是教育者自己丢了自己的尊严。

因为没有对学生抱任何"感恩"的期待，所以学生每次对我的哪怕一点点温馨，我都感到惊喜，因而感动。我对学生"好"——这里的"好"无非就是工作认真负责之类，其实前面我已经说了，这都是我的职业本分，是我应该做的，是学生的家长花钱买我的劳动；但学生对我的"好"才真是纯粹而高尚的，因为他们没有义务一定要对老师"好"。当然，我这个说法在许多老有"学生就应该感恩老师"想法的人看来，简直就说"歪理邪说"。但我依然要顺着我的思路说，学生没有义务却持续地对我好，我怎能不感动？经常生活在惊喜中，生活在感动中，怎么能不幸福呢？过着这样幸福的教育生活，我怎么会有"职业倦怠"呢？

说到"职业倦怠"，人们常常归因为"工作累""待遇低"，这当然是重要原因，但我觉得更重要的原因是兴趣与职业的错位，以及心态与职业分离。所谓"兴趣与职业的错位"，就是干的不是自己想干的，想干的自己却又不能干。一个想当演员的人却当了厨师，一个想当厨师的人却当了钳工，一个想当钳工的人却当了导游……这些人当然都不能幸福。即使从业之初因为新鲜好奇，可能也会有点快乐，但时间一长必然倦怠。而如果兴趣与职业能够融合，那就不一样了。一个喜欢驾驶的人当了职业赛车手，一个喜欢下棋的人成了职业棋手，一个爱写作的人成了职业作家……这些都是将兴趣与职业融为一体。自然不可能"倦怠"。有人会说，我因为阴差阳错现在已经成了教师，又不可能改行，难道我就要痛苦一辈子吗？这就要说到我刚才说的"心态与职业分离"了。我经常对我学校的老师说："如果你对职业不满意，只有两个选择——要么改变职业，要么改变职业心态。"既然你无法改变职业，那当然只有改变心态了。既不改变职业，又不改变心态，永远都无法获得幸福。改善心态的渠道其实有很多，比如：尽可能多和孩子一起活动，让童心感染自己；尽可能感受来自孩子在一些细节上不经意体现出来的爱，你在一次次感动中，会爱上孩子的；尽可能不断地让自己的教育教学多一些"创意"，让自己每一天的教育生活都是新的；把每个难题都当作课题来研究，而且是持续不断地研究，你将从中体验到教育科研的乐趣，并收获教育成果的；等等。

　　我曾经说过教育的四重境界，由低到高为"应付""饭碗""事业""宗教"。有人问我："您达到了事业或宗教的境界了吗？"我说："都没有。"如果说是"事业"，我似乎没有那么崇高的使命感——当然，作为一个老教师，我现在不能说没有教育追求，甚至我也可以说我多少有点使命感，但我的使命感远远没有人们想象的那么强烈和崇高；而在我看来，如果真正把教育当事业，那前提就是强烈而崇高的使命感。如果说是"宗教"，那宗教必须超越一切功利，而我对教育远远没有达到超功利的状态，比如我依然要靠教育谋生，哪能"超功利"呢？孔子把教育当作事业，苏霍姆林斯基把教育当宗教，而我都不是。

　　如果有人问我："那你把教育当什么呢？"我会回答说："当兴趣。"一个人干自己感兴趣的事，当然会其乐无穷，所以别人看我很投入，觉得我"很苦""很累"，很像"苦行僧"，其实我是在享受。因此，用"奋斗"二字来概括我的人生，用"工作狂"来描述我的生活，显然是大大的误解。没有人会对沉迷电脑游戏的人说他在"奋斗"，也没有人会对痴迷麻将的人说他在"奋斗"——人家不过是兴趣而已，哪是什么"奋斗"啊！因为兴趣，我享受教育，而且看来我将终身享受教育了。

2013 年 7 月 12 日

幸福比优秀更重要

常常听年轻老师跟我诉说刚参加工作便"热情冷却""理想碰壁",问我如何才能"坚守教育信念",如何才能"成为优秀教师"。

我总是这样回答:"坚守教育信念是对的,但目的不是为了什么优秀,而是自己的快乐。别在意优秀不优秀,要在乎你自己每天是否幸福。因为幸福比优秀更重要!"

也许有人会不以为然:"您现在是著名教育专家,名也有了,利也有了,却叫我们'别在意优秀不优秀',站着说话不腰疼!"

我想到我的 80 年代,那时候我是一个刚大学毕业走上讲台的年轻人,除了激情一无所有。那时候,我初生牛犊不怕虎,没学会走就直接跑,当然也有无知导致的无畏,于是语文教改有声有色,于是班主任工作有滋有味,于是也引发了无数争议,但我不管,每天都乐呵呵的,用比较文艺的说法,叫"意气风发";我每个星期天、每个寒暑假都和孩子们待在一起,在小溪里捉鱼，在岷江边戏水，让风筝在海洋般的蓝天上优雅而自信地写诗，让歌声在似乎走不到尽头的原始森林中激荡我们肆无忌惮的青春……而这一切，几乎都受到非议，但我不管，开心就行！有时候领导批评我，我也不觉得委屈，因为这一切都是我"自找"的。什么"中高"，什么"特级"，不给我评没关系！没有什么比拥有一颗自由而幸福的心更重要的了。一直到2003年评上四川省中学特级教师之前，我几乎没有什么"拿得出手"的荣誉。但我真的很坦然——幸福比优秀更重要！这里的"优秀"特指某些"荣誉称号"。

身被名缚，哪来自由？心为形役，何言幸福？何况现在评优选先有很多水分、很多人情因素，托关系，走后门，搞勾兑，拉选票……很累的。就算"优秀"了，幸福却失去了。

当然，年轻时的我也不是不追求优秀，但我更追求自己认可的优秀。这里的"优秀"就是我自己给自己拟定的"好老师标准"——课上得好，班带得好，分考得好。只要做到了这"三好"，家长信任我，学生依恋我，我就有了安身立命之本，我就"万事不求人"。我因此也就拥有了行动的潇洒和心灵的自由，除了忠实于自己的良知，我不用看任何人的脸色行事，更不会患得患失，斤斤计较。

一次和我校一位年轻老师谈心，我说："作为普通教师，通过自己卓有成效的工作赢得世俗的名利——'优秀'呀，'先进'呀，'学科带头人'呀，'特级教师'呀，我们理应感到自豪，因为这是我们价值的标志之一。但是，由于种种原因，可能这些'优秀'你都没有，也不要紧：我不'优秀'，但我很幸福啊！这也就够了。"

我现在越来越坚定地认为，一个教师，是否"优秀"不是最重要的，是否"卓越"更无关紧要，最关键的是，是否"幸福"。

所谓"优秀",至少有两个含义:一是指我们工作比别人相对出色一些;二是指我们获得的各种荣誉称号。不管是在哪个意义上使用"优秀"这个概念,我都认为幸福比"优秀"更重要。

如果是在第一个层面说"优秀",那么我们总要和别人比较,因为"优秀"总是相对而言;因为比较(攀比),我们求胜心切,我们精益求精,我们永不满足,我们"欲壑难填"……当然,从积极意义上看,这正是我们上进心的表现,"永争第一"嘛!但同时,在这比较的过程中,我们渐渐失去了从容自如的心态,失去了"慢教育"的智慧,也失去了教育的优雅与情趣,甚至我们潜在的或者说沉睡的功利心渐渐苏醒,让我们备受折磨,于是,教育的幸福也不知不觉离我们而去。

如果是在第二个层面说"优秀",那么我们免不了要关注教育以外的人和事,因为"优秀"不能自己说了算,总得要人家来评比和选举。也许你的工作的确比别人做得好,去年高考你也"培养"(其实,哪是你一个人培养的啊)了一个县"状元",于是你自认为优秀,可这次学校却只有一个"优秀"的名额,而还有比你更优秀的——和你同一教研组的一个同事今年还"培养"了一个市"状元"呢!于是,这"优秀"的桂冠便落到了他的头上。你想"优秀"也不能。何况,如果你所在的学校风气不那么正,即使你的工作和成果的确出类拔萃,可是你不善于搞庸俗的人际关系,更不善于和领导拉关系,那无论是群众投票,还是领导推荐,人家就是不让你"优秀"!

想"优秀"而不得,怎么办?我的回答是,那就别管什么"优秀"不"优秀"啦,还是追求纯粹的教育幸福吧!因为——

"优秀"与否是别人的评价,"幸福"与否是自己的感觉。

幸福，源于心态；不幸福，也源于心态。我曾给年轻的老师们评论过网上流传的一些段子，比如："一等教师是领导，吃喝玩乐到处跑。二等教师管后勤，轻轻松松维持人。三等教师体音美，上班还能喝茶水。四等教师史地生，周末还能去踏青。五等教师语数外，比比看谁死得快。六等教师班主任，累死讲台无人问。"我说，这些段子初看觉得很解气很痛快，"终于有人为我们鸣不平了"。但实际上这些段子大多似是而非，夸大其词，不但不能减轻自己的郁闷，反而会增加自己的痛苦。而且段子中的"教师"也完全可以置换成"医生""警察"等。不要老觉得自己最不幸，不要老觉得自己遇到的最不公平。放眼整个社会、整个国家，很多人比我们更苦更累。我经常对老师们说："如果我们对自己的职业不满意，其实只有两种选择：要么改变职业，要么改变职业心态。"

我不是主张面对不公不平逆来顺受。如果我们的权益与尊严受到了侵犯，我们完全可以也应该依法维护自己的权益与尊严。问题是，由于种种原因，很多时候事情并不那么简单，也不是所有的"不公平"都达到了"法律的高度"，而且种种不公也不可能在一个早晨彻底消失。那怎么办呢？还是得调节心态，从容应对。何况，很多时候缠绕我们的不过是一些琐碎的烦恼，完全可以一拂了之。李白有一句诗："空长灭征鸟，水阔无还舟。"不是天空没有飞鸟，而是晴空万里，辽阔无边，一两只鸟简直微不足道；不是水面没有船只，而是烟波浩渺，水天一色，一两只船也就微乎其微了。这是胸襟，也是心态。从某种意义上说，拥有了好心态，便拥有了幸福。

我所在的成都市武侯实验中学有很多这样幸福的老师。比如邹显慧老师，几十年来就是踏踏实实地上好每一堂物理课，认认真真地带好每一个班集体，直到快退休才评上高级职称，可是她很幸福，因为面对学习基础和行为习惯都不甚理想的学生，她却取得了让人敬佩的教育成果，更重要的是，一届又一届的学生爱她。有一年教师节，邹老师班上的三个男生天没亮就起来，为他们敬爱的邹老师熬鱼汤，上学的时候三个男孩子小心翼翼地将热腾腾的鱼汤送到学校，放到邹老师的办公桌上。邹老师非常感动。中午，她把鱼汤热了之后又端到教室里去，让每一个孩子都品尝这份鲜美，分享这份情感！邹老师没有什么"拿得出手"的荣誉称号和"优秀"证书，但是她从不为此烦恼，反而随时都乐呵呵的，因为她幸福。

南京市芳草园小学的郭文红老师也是一位幸福而不"优秀"的老师——如果"优秀"仅仅体现在各种荣誉证书上的话。郭老师长期担任小学高年段的教学，也就是说，她带班往往就一年或最多两年。可是，哪怕是只教学生一年，孩子们都能对郭老师产生依依不舍的情感。有一年，又一届孩子要毕业了，郭老师带着他们最后一次春游。在路上，孩子们想到不久就要离开郭老师了，他们决定亲手给郭老师做一件礼物。说干就干，他们用随身带的糖果、果冻、巧克力等小零食在草地上摆弄起来。过了一会儿，一件特殊的"礼物"做成了。孩子们把郭老师请到礼物前，郭老师睁开眼睛便热泪盈眶，原来草地上摆了四个大字："精忠报郭"。孩子们用这种方式向郭老师表达着他们的爱。一个曾经让郭老师操碎心的后进生，毕业时来跟郭老师告别，说："郭老师，我们走了以后，你千万千万不要教下一个年级的三班啊！"郭老师问："为什么呀？"这男孩认真地说："因为那个班的学生呀，个个比我还坏！"一位男孩回家对妈妈说："妈妈，我不想毕业！"妈妈问他为什么，男孩回答："我不想离开郭老师！"一位女孩对在省教育厅工作的爸爸说：

"爸爸，你把郭老师调到中学工作吧！那样郭老师就可以继续教我了！"……孩子们的想法很天真，说法很幼稚，但感情很纯洁。拥有这样纯洁的感情，郭老师因此幸福。

应该说，在一个风清气正的环境里，教师的优秀和幸福并不矛盾，二者完全可以和谐统一。领导正直，同事善良，评价科学，程序公正，幸福的老师怎么可能不优秀呢？于是，因为自己业绩突出，各种荣誉纷至沓来。这时，我们也不用刻意推辞，完全可以坦然而无愧地接受。因为这是教育给我们的馈赠。只是我们把这份馈赠仅当作意外的收获，因为我们从来就不是冲着这些荣誉而工作的。没有这些荣誉，我们也不会有丝毫的懈怠，因为教育关系着我们自身的幸福。

"优秀"教师是有限的，而且往往和机遇甚至人际关系有关；但幸福的教师有千千万万，而且就在我们身边，甚至就是我们自己。

2014 年 4 月 2 日修订充实

教师应该有着怎样的生命状态？

我一直认为，一个教师的职业高度取决于他生命饱满的程度。

教师的任务当然是传道授业，但他首先是以自己整个生命在拥抱自己的事业。或者说，他在讲台上一站，就不只是以学科教师的身份面对学生，而是向孩子们呈现自己全部的生命状态，用自己的生命去润泽学生的生命。

虽然教育其实是师生双方在精神上的互相照亮，但作为教育的主导者，教师的生命状态无疑决定着教育的品质。我有时候想，师生相处的主要时间是在课堂上，那么，一堂课40分钟，就算每天六节课，那每周就是30节课，一学期按20周算的话，那就是600节课，一年就是1200节课，三年就是3600节课（如果教初中或高中的话），六年就是7200节课（如果教小学的话）！这3600个或7200个40分钟，就是我们生命的单位啊，也是我们所面对的孩子生命的单位，每一分钟都是。

这么一算，我们就应该意识到，当教师站在课堂上面对孩子的时候，彼此的生命正在燃烧，也正在流逝。而对于孩子来说，这段生命正是他们一生中最关键的成长阶段。教育的神圣就在于此，教育的危险也在于此。

所以，教师如何以自己饱满的生命去润泽孩子正在成长的生命，是每一位教师应该认真思考的问题。这里所说的"生命"当然包括健康的体质，但更是指人的精神状态。"用生命润泽生命"意味着用思想照亮思想，用激情点燃激情，用爱心滋润爱心，用个性发展个性，用梦想唤醒梦想，用创造激发创造，用浪漫缔造浪漫，用情趣营造情趣，用人格铸造人格，用心灵赢得心灵……

那么，教师究竟应该有着怎样的生命状态呢？

总的来说，就八个字：拥抱生活，钟情教育。对我来说，这八个字又体现为五个"热爱"——热爱阅读，热爱写作，热爱运动，热爱自然，热爱拍照。

热爱阅读，应该是教师的生命呈现方式。每当置身书房，我就感到自己与古今中外的大师们并肩而立，沉浸于他们的思想，就是走进他们依然鲜活的精神生命之中，不断从他们的文字中汲取新的生命。热爱阅读，不仅仅是一种学习态度，也是一种生命态度。笛卡尔说："我思故我在。"对于教师来说，应该是"我读故我在"。就精神而言，生命的终止不在心跳的结束，而在阅读的停止。这种阅读的生命状态，将直接影响学生。

热爱写作，这是我记录生命的一种方式。就像阅读不只是语文老师的专业一样，写作也不只是语文老师的专长。敏于观察，勤于写作，这本身就是一种积极而旺盛的生命力的体现。写作，就是让情感得以珍藏，让思想得以凝固，让生命得以储存。现在，每当我打开家里书橱中发黄的本子，看到几十年前写的教育日记，我会感到自己的年轻时代被激活了，已经很遥远的生活场景，浮现于眼前，触手可及。这不是一种很美的生命状态吗？

热爱运动，不只是为了增强体质，也是为了健壮精神。一个教师应该有至少一项伴随一生的运动项目，这能让自己的身心随时处于一种积极进取的状态。我年轻时喜欢打乒乓球、篮球，后来喜欢跑步，中年以后坚持每天疾走至少五公里，直到现在——今天早晨我还疾走了五公里。当许多人还躺在床上的时候，你已经迎着朝霞与太阳同行了，一种生命的自豪感会油然而生。这种自豪感会传递给你的学生，他们也会不知不觉地爱上运动的。

热爱自然，就是直接汲取大自然的生命，并以大自然为师。从刚参加工作起，我就喜欢带着孩子们走进大自然，去山上野炊，去河边戏水，去草坪摔跤，去森林探险，让风筝在蓝天写诗，让笑声把原野吵醒。是的，无论是小桥流水的幽雅情趣还是大江东去的磅礴气势，无论是朝阳初升时小草上的一颗露珠还是暮色降临时原野的一缕炊烟，都能使我和我的学生深切地感受到冰心所言："我们都是自然的婴儿，卧在宇宙的摇篮里。"

热爱拍照，就是用另一双眼睛观察自然与生命。这是我年轻时就养成的爱好。当我一端起相机，我的生命状态就格外敏锐而专注，无论是拍人物，还是拍风景，都是记录最鲜活最美丽的生命。无论是刚工作时的老式120海鸥牌相机，后来的傻瓜相机，还是现在的单反和手机，我的镜头前，永远是孩子们的身影和大自然的日月星辰。每次和多年前的学生聚会，那一张张或黑白或彩色的照片，就让过往的生命再次舒展，或燃烧。

……

前不久，我参加了"千人走戈壁"的活动，和年轻人一起徒步

108公里，穿越戈壁无人区。在烈日炎炎的戈壁，我把许多"90后"小伙子甩在后面，因此一路上，周围的人都向我投来敬佩的眼光。

热爱生活，热爱自然，热爱生命，就是我保持至今的生命状态。

当然，这是我个人的情况。性格不同，性别不同，爱好不同，气质不同，学科不同……每一个老师积极饱满的生命状态当然应该有自己的呈现方式，尤其是具体的兴趣爱好更不必都是像我一样的拍照，但"拥抱生活，钟情教育"应该是所有优秀而幸福的教师共同的特点。

年轻的老师不妨经常问问自己：我是否喜欢校园里孩子们叽叽喳喳的欢声笑语？我是否经常想加入孩子们的嬉戏之中？我是否一想起开学就有点兴奋？我是否一看见孩子向我扑来就心花怒放？我是否一走进课堂就精神抖擞？我是否一天不读书就怅然若失而一见书本便情不自禁手不释卷？我是否有一项酷爱的健身运动？我是否看见日出月落便随之心潮起伏？我是否盼望着和孩子一起在春天的阳光下追逐或在秋天的原野上奔跑？……

这就是教师应该有的生命状态。

2022 年 8 月 20 日

向我看齐

请走进我的青春时代

按教育局安排，本期开学前，是对老师进行师德教育方面的培训，于是我今天给我校附属小学老师的讲话题目是"幸福比优秀更重要"。题目源于我今年4月写的一篇文章。于是，我先读了该文开头两段作为对题目的解释。

读完之后，我和老师们重温了我以前给他们讲过的"好老师的标准"：课上得好，班带得好，分考得好，这就是"好老师"；如果加上"能说"和"会写"，就成"名师"了。而要成为好老师和名师，还得做到不停地实践，不停地思考，不停地阅读，不停地写作。我讲了我校唐燕老师通过研究后进生，通过不断阅读和写作而得以成长的故事。

然后我着重谈了"幸福源于心态"，在我们这个浮躁而喧嚣的时代，如何守住自己一颗宁静朴素的教育心。我分析和批评了网上某些让老师们感到"解气"的段子。比如："校长官员化，领导多员化，教师奴隶化，学生祖宗化，人际复杂化，加班日夜化，上班无偿化，检查严厉化，待遇民工化，翻身是神话。"我说，这些段子初看觉得很痛快，但实际上大多似是而非，夸大其词，比如，哪些老师"上班无偿化"？也许收入低，但绝不可能"无偿化"。这样的段子读多了，不但不能减轻自己的郁闷，反而会增加自己的痛苦。而且段子中的"教师"也完全可以置换成"医生""警察"等，比如"院长官员化，领导多元化，医生奴隶化，患者祖宗化……"其实其他任何职业都不容易。我们只看到别人的风光，却未见得知道人家职业的艰辛。我们在羡慕别人的同时，人家也在羡慕我们呢！

我讲了新教育实验榜样教师敖双英（桃花仙子）的故事。她开始是一个人在湖南山坡上的小学做新教育，最后走进了北京城，还是做新教育。无论是在湖南的山坡上，还是在北京的校园里，敖双英都保持着执着的新教育之心。我说我已经邀请敖双英老师下周到我们学校来给大家谈她的新教育历程。

我问老师们：你还保持着你当初的纯真吗？王蒙说过一句话："忠实于少年时代的友爱、热情和誓言，这是人生最严肃的事情。"想想我们当初第一天走进校园的情景吧，那份激动，那份真诚，那份憧憬，那份单纯……现在还保持了多少？人一辈子其实只要忠于自己的誓言、承诺和良知就很了不起了。或者说，如果我们用对孩子说过的话来要求自己，我们就非常高尚了。区教育局要求老师们都签订师德承诺书，其实我们要把这看成我们自己对自己的承诺。

我对老师们说："和老一辈大师相比，我们连学者都谈不上！"但这不妨碍我们回望大师，敬仰大师。接着，我给大家播放了大师马相伯的纪录片。马相伯在国家危难时，一生钟情教育，培养了蔡元培、于右任、邵力子等著名大师。他毁家兴学，创办震旦公学，后来又创办复旦大学，他的故事感人肺腑。纪录片播放完毕，我看见不少老师在擦拭眼泪。我说:"现在我们这个时代,还有没有马相伯这样的大师?我们这个国家,今天还有多少人知道马相伯这个名字?但是,我们武侯实验中学附属小学的老师们知道了这个名字,就比其他学校的老师多一分尊严和自豪!因为这体现了我们的视野比别人开阔,我们的人生标杆比别人更高!"

最后,我说:"请走进我的青春时代吧!"我给他们介绍了学校由钱梦龙老师题写馆名的"镇西资料馆"。我先谈了这个资料馆的来历:《班主任》杂志在北京为我举行从教30周年研讨会时,朱永新老师提议建立"李镇西教育博物馆",当时武侯区教育局雷福民局长便说那还是建在我们武侯区吧,就建在武侯实验中学里面。后来,我觉得"李镇西教育博物馆"这个名字太高大上,还是低调一些吧,便定名为"镇西资料馆"——资料馆嘛,无非就是有关我的资料展示而已。尽管如此,本来我还有些顾虑,怕有"个人崇拜"之嫌,但后来我想,无论如何,我那么多教育资料,应该对年轻老师还是有所启迪的。正如资料馆的说明中所写——

这里的每一行文字,每一幅照片和每一件实物,都见证了他教育成长的足迹。他有过改革的成功,也有过探索的失误,有过引以为豪的硕果,也有过追悔莫及的败笔。无论如何,他的经验,或者教育,客观上都已经成为广大一线教师共同的财富。

我给老师们展示了资料馆的一些内容,老师们都听得非常专注。然后我带着老师们来到资料馆。在资料馆,大家被一件件实物吸引了:初中的作文、大学准考证、读博时自制的英文卡片、未来班的歌单、谷建芬老师的手稿、我的第一本备课本、我八九十年代的班主任工作日记本、我第一部著作《青春期悄悄话》的手稿、《爱心与教育》中后进生万同抄写的《烈火金刚》手抄本……我给老师们解说着每一件展品背后的故事。不少老师啧啧赞叹,用"震撼"一词来表达感受。

我说:"30年后,你们也会有这么一笔教育财富的!"

晚上,我收到王玉梅老师的微信:"今天谢谢您,又让我们感动了一把,更震撼的是那一张张黑白相片,一本本泛黄的书本!下学期我和孩子们学习探讨名人传记,要仿照您的做法,可别介意我抄袭啊!"

2014年8月20日

谈心

今天下午，我陆陆续续请了刘佳、王颖、彭昊、李晓燕、代亚秋、王秋菊等老师到我办公室，我分别和他们谈心。这些老师都是去年9月才到我校的。

每个老师在我办公室坐下，我都先问问他到我校后有什么感受，有什么故事，有什么困难，还有什么需要我帮忙的，等等。老师们都会跟我说他们和学生的交往情况，包括感动的事和生气的事；老师们还会谈到办公室老师对自己的帮助；等等。

我对每一个老师都提了这样四点建议——

第一，要有韧性，就是要坚韧。你们刚来就遇到不少困难，但这只是开始，未来还有无数困难等着你们。对一切困难都要有"我早就等着你来了，你终于来了"的心态。每一次困难对于我们都是磨砺，同时也都是一次智慧的积累。我工作32年了，正是无数困难让我现在相对比较有智慧。我说过，求职就像恋爱，浪漫的憧憬多一些；而工作就像结婚，酸甜苦辣什么都有，而且都是常态。我们学校地处城郊接合部，学生大多是当地失地农民和进城务工人员的孩子，比其他学校的学生更难教，所以困难更多。但一定要坚韧，尽可能避免在学生面前失态，或惊慌失措，甚至哭着离开讲台："我不教你们了！"多一些坚韧，就是多一份从容。如果我们认真去做教育，每一次对困难的攻克，都伴随着巨大的成就感。

第二，要永远保持最初的那一颗纯洁的教育心。这颗心，意味着善良，意味着纯真，意味着理想主义，意味着不竭的激情。怕就怕时间一长，看什么都是"就那么回事儿"。回想一下，第一天工作的时候，对面走来的学生向你问好，你多感动，赶紧认真回礼"同学好"；现在呢，还这么感动和认真吗？我自豪的是，我就一直保持着这份对教育的单纯。无论现在别人怎么认为我是"著名专家"，可我心灵深处依然是教育者，面对孩子，我就是喜欢他们并被他们喜欢的"李老师"。这份单纯，其实就是善良。一个善良的人无论做什么都会认真的，都会做好的。我经常说，你们敬佩的潘玉婷老师，她其实是把她的善良投射到了教育上。其实她做什么都会很优秀的。我们越是保持着一颗单纯的教育心，就越容易感受到教育的幸福。

第三，要有阅读的习惯。不要用忙来原谅自己。知识分子必须有开阔的视野和源源不断的知识。对学生来说，我们要用拥有一种源于知识的人格魅力，让学生觉得你是有学问的人。他可能会因为爱你而爱上你所教的学科。如果你很久不读书了，而且你又没有半点不安和内疚，那说明你已经不知不觉地堕落了。看到你们，我就像看到我女儿一般。我女儿有一个好习惯，让我欣慰，就是她至今保持着阅读纸质书的习惯，经常从网上买许多人文书籍。读书，不但要读你所教学科的专业书，读教育教学方面的书，还要读文史哲，要站在人类的精神高地俯瞰我们的教育。脑子里装的东西多了,你在课堂上自然信手拈来,游刃有余,学生自然会迷上你的课。

第四,要有写作的习惯。你不一定是教语文的,但也要有写作的习惯。写得不好不要紧,关键是要写,并慢慢养成习惯。写什么呢?写教育故事,写课堂实录,写随时随地产生的教育感悟,等等。一周哪怕只写一千来字,一年也至少有五万多字,到时候你自己都会为自己惊讶的。写作的过程就是反思的过程,我让你们写,就是让你们反思,反思自己每一天的教育经历。写作,也是为将来留下温馨的教育记忆。我现在已经出版了60多本书了,还不包括我主编的,这些书都是我的教育记忆,因为里面充满了我的教育故事,我教过的学生,我走过的教育道路,等等。这是多么宝贵的财富呀!你们写出来,我帮你们看,帮你们改,如果我觉得不错了,就帮你们推荐发表。这样便慢慢成长起来了。

每一个老师离开我的办公室时,我都请他在我的书橱里选一两本书,我借给他看。我说:"希望在一周之内看完还我。这样你才能抓紧时间看。这些书,你们在读的时候,可以圈点勾画,读完后都在最后一页签上自己的名字。这样,若干年后,这本书将有不同的读者的笔记和签名。将来我捐给学校图书室,几十年后或更长时间以后,武侯实验中学的老师从图书馆里借到这本书,看到这密密麻麻不同笔迹的批注,会有怎样的感觉?"

今天,老师们从我这里借走的书有:《给教师的一百条建议》《36天,我的美国教育之旅》《今天怎样做班主任》《一位青年教师的专业成长之路》………

2014年3月27日

课堂的魅力就是教师的魅力

昨天下午最后一节课，参加青年教师风采大赛的老师开总结会。我给老师们即兴讲了讲我对课堂教学的想法——

在座的老师都很年轻。我再过几年就退休了，不会再与你们共事了，因此我不是作为校长在"培养"同事。未来几十年，你们也不一定一直在武侯实验中学工作，这谁说得清楚呢？因此，我也不是在为武侯实验中学的未来"培养"老师。我就是以一名老教师的身份，为国家"培养"你们，呵呵！

作为一名教师，把课上好是最基本的条件，也是你们的立身之本。我在对你们进行新教师培训的时候，就说过"好老师"的标准，第一条就是"课上得好"。好到什么程度呢？好到学生上你的课觉得时间过得很快，盼着第二天听你的课。怎么才能把课上好呢？我有这么几条建议，供你们参考。

第一，要不断研究自己的课。

你们什么时候备课、上课最认真呢？不就是校长要来听课的时候吗？不就是教研员要来听课的时候吗？不就是赛课的时候吗？不就是这堂课决定你是否能够转正，是否能够评职称的时候吗？……好，你们就把每堂课都当成校长要来听课，教研员要来听课，当成赛课，等等。这样，你备课、上课一定格外认真。天天如此，坚持数年，你的教学水平肯定能提高。

我想到我年轻的时候，学校有一台笨重的录音机，我就去借来搬到我的讲台上，把每堂课都录下来，然后晚上就听自己的课堂录音，哪个地方还比较满意，哪个地方有些遗憾，包括哪句话说得不够好等，我都认真听，认真琢磨。这样坚持下去，我觉得自己的教学水平真的就慢慢提高了。这么多年来，我备课有一个原则，就是无论我上过多少遍这篇课文，我都当作第一次上这篇课文来备课。比如讲《祝福》，备课时我不会去看以前的教案，而是把这篇课文当成第一次上来钻研。而这种"钻研"首先是站在学生的角度思考，他们在学习这篇课文时可能会有怎样的困难，哪些地方会有阅读障碍等。我还会关注学术界对《祝福》这篇文章的最新研究成果，关注鲁迅研究的最新成果，这些成果我都会吸收到我的教案中。另外，我相信大家都会认真写教案的，但是不是都会认真写教后记呢？从某种意义上说，写教后记更重要，因为这是你对自己课堂的反思，这种反思将直接有助于你教学水平的不断提高。

其实，最重要的研究是课堂魅力的研究。所谓"课堂魅力"，说白了，就是要让课堂对学生有吸引力，让孩子们爱听你的课。要让课堂充满情趣，让孩子们感到妙趣横生，如坐春风。教师的口才特别重要，就是要学会说话。大家想想，教育也好，教学也好，不都主要是通过口头语言与人沟通吗？好的课堂总是师生共鸣，氛围和谐，而不是油水分离，油是油，水是水。让课堂有吸引力，就要琢磨如何开头，如何结尾，如何和学生交流，如何面对突发事件，等等。这里我举两个例子谈谈如何处理突发事件，因为这最能体现出教师的机智。

我校有一位语文老师叫周艳，有一次上《故宫博物院》。她先问学生"世界上有哪四大宫殿"。这个问题把学生难住了，但有一个学生说："故宫。"这个学生很聪明，心想老师上《故宫博物院》便问"有哪四大宫殿"，虽然不知道另外三个宫殿，但故宫博物院肯定在"四大"之内。

周老师表扬了他，然后继续问大家："还有呢？"学生们都说不出了。这时有个男生大叫："还有子宫！"教室里一片笑声。很显然这个答案是胡说八道的，而且可能是故意扰乱课堂，哗众取宠。很快，教室里安静了下来，大家都紧张地等待着周老师怎么处理这个同学。

我不知道在座的老师们如果遇到这样的突发情况会怎么处理。我想，如果遇到没经验的老师可能会把这个学生大骂一顿，如果那样，课就无法继续上了。周老师是怎么做的呢？

周老师走到这个男生面前，笑眯眯地说："其实，你答得真好！"同学们有些惊讶。周老师继续说："因为子宫的确是人类最伟大的宫殿！"其实在这里，周老师偷换了概念。但这种"偷换概念"是必要的。这是教育的需要。周老师的表情庄严而神圣起来，说："子宫，真的让我们人类肃然起敬。它是胎儿的宫殿，是我们所有人当然包括在座的同学们的生命的摇篮，因此，我的确认为它是世界上最伟大的宫殿，也是最神圣的宫殿。对着伟大而神圣的宫殿，我们应该怀有敬意，而不应该轻慢地谈论。"在这里，周老师很自然地对孩子进行有关敬畏生命的教育。最后她说："当然，这节课我们不研究这个问题，我们把这个问题交给生物老师，下次生物课的时候再讨论，好吗？好了，同学们，我们还是回到刚才的话题吧。"

你们看，周老师的处理多好！真正是"谈笑间，樯橹灰飞烟灭"。这就是教学机智。

还有一个相反的例子。有一次，一位刚参加工作的小伙子在课堂上被学生骂了。怎么回事呢？这位老师转身往黑板上写字，后面"咣当"一声，他转身一看，是一个坐在中间的男生把旁边同学的文具盒往教室后面一扔，结果发出声响影响了上课。这位老师特别生气，他指着这个男生，厉声喝道："出去！"这个学生当然不从，而且还骂了这位老师。老师更加愤怒，便继续呵斥这个学生，于是两人便吵了起来。最后，老师说："这课没法子上下去了，好，你不走，那我走！"说完，便愤然走出了教室。这堂课果然"没法子上下去了"。

你们看，这种局面本来是可以避免的。如果换了在座的老师，你们会怎么处理呢？

我随机问了两位老师。我先问白勇老师："白老师，你会怎么办？"白勇老师感到很突然，来不及思考，便实话实说："我还没想好。"我又问杨柳老师："杨老师，你呢？会怎么做？"她说："我可能会用比较幽默的话缓和气氛，含蓄地批评他。"

很好！幽默是机智处理的方法之一。也可以严肃而温和地说："这样不好吧？"虽然是淡淡的一句，但犯错的学生一般都会感到不好意思的。还可以盯着那个学生，不说话，就看着他，看几秒或几十秒。以这种方式表达你的态度，用眼神告诉这个学生，这样做是不对的，老师很生气。这种方式既表明了你的态度，又不至于惹恼学生。当然，还可以有其他的方法，但无论哪一种，都一定不要激化矛盾。最关键的是，课后都一定要找这个学生单独谈谈。

所以，研究课堂，的确大有学问。

第二，要多读书。

这个话题我讲过多次，但我觉得无论多么强调读书都不会过分的。课堂的魅力就是教师的魅力，而教师的魅力其实主要就是学识的魅力。教师在讲台上一站，就要让学生感到你有一种源于知识的人格魅力。这种魅力，更多来自阅读。

我有一个不一定严谨的说法，只要教师肚子里真的有学问，那他无论怎么教，甚至哪怕他"满堂灌"，都叫"素质教育"，都叫"新课改"！旁征博引，信手拈来，雄视古今，联通中外……这样的课不但吸引学生，而且震撼学生的心灵，开阔学生的视野，激发他们的思考与创造！比如钱梦龙老师，只有初中文凭，但因为钱老师善于自学，读了很多书，所以成了学问大家，他的课自然就有一种超出一般教师的境界。你们看他80年代的课堂实录，那不是"素质教育"是什么？不是"新课改"是什么？虽然那时候并没有"素质教育"和"新课改"的说法。如果老师肚子里空荡荡的，只会根据教参来备课上课，课堂上必然捉襟见肘。

读什么书呢？教育经典，专业读物，都是应该读的，我就不多说了。我这里特别要强调的是多读人文书籍：政治的、哲学的、历史的、经济的，以及人物传记、长篇小说等，都应该在我们的视野之内。我们阅读，不要有"明确的"功利色彩，不是说为了备课找资料才去阅读什么书。我们阅读是为了充实我们作为知识分子的精神世界，为了让我们能够站在人类文明的精神高地俯瞰我们的每一堂课。

最近我在读《任仲夷画传》。"任仲夷"这个名字你们年轻人可能不熟悉，但他是改革开放的先驱者之一，也是改革大将之一。当年的改革，不仅仅有邓小平、胡耀邦等领军人物，还有万里、习仲勋、谷牧、任仲夷、项南等冲锋陷阵的大将。他们都是我国改革开放的元勋。最近出版社出版了一套"改革开放元勋画传丛书"，已经出版了《谷牧画传》和《任仲夷画传》，我正在看。看这些书，我的心自然回到了当年改革开放的火热年代，想到自己的年轻时代，进而想到中国的今天和未来。你说这些书对备课有直接的帮助吗？当然没有，但它丰富了我们对国家历史的认识，有了这些积淀再去上课，肯定会不一样。

北京十一学校有一个叫魏勇的历史老师，因为书读得多，所以他的课上得特别棒，而且很会启发学生思考。比如他讲鸦片战争，没有简单地让学生记鸦片战争的起因、过程、结果和意义，而是问：同样在日本也曾经有过类似被列强打开大门的情况，日本是怎么做的呢？他讲辛亥革命，也不让学生简单地记忆"知识"，而是问学生：为什么清朝帝制被推翻，中国却没有很快走向强盛与富裕？我这里强调读人文书籍，并不只是针对文科老师。人文素养是不分文科、理科的。著名特级教师孙维刚，他的数学课上得特别棒，对学生非常有吸引力，因为他书读得多，学识渊博，所以给学生讲数学史，还给学生用俄语唱歌吟诗，这么有魅力的老师，他的课堂怎么会不受学生欢迎呢？

第三，把自己的课交给学生监督与评判。

每天都给学生上课，我们是否问过学生的感受？不要说学生不懂教学，至少他们的意见可以作参考。让学生给自己的教学提意见和建议，就是在帮助我们改进教学。我最近出了一本新书，叫《老师教我当校长》，其实我很多年前还写过一篇文章，叫《学生教我当老师》。怎么教呢？我定期在学生中作无记名调查，比如每个月发一张纸条给学生，让学生回答：这个月，李老师上得最好的一篇课文是哪一篇？李老师上得最差的课文是哪一篇？李老师出得最好的作文题是什么？李老师出得最差的作文题是什么？……这样，我随时都可以知道我的课在学生中的评价。由于形成了一种高度信任的关系，不一定是在搞调查的时候，就平时他们也会随时跟我说他们的想法。比如有一年我教高一，一次有学生就直接到我办公室来说："李老师，我感觉你最近这个文言文单元上得不是太好。"我就和他聊了起来。在聊的过程中，我就知道了我的一些不足。还有一次讲《我与地坛》，我由课文讲到了社会，讲到了人生，把学生引向了很开阔的世界。一下课，就有一个学生走上讲台对我说："李老师，散文就得这样上！"30多年来，可以说我的课一直都在学生的监督和评判之中。我真的很感谢我的学生们！

而有的老师不愿或不敢把自己的课交给学生监督和评判。明明上得不好，学生也不好跟他说，他自己又不知道，于是自然无法改进，就越上越差，学生天天都受罪啊！于是回家跟爸爸妈妈说。爸爸妈妈听孩子每天回家都抱怨老师上课上得不好，心里就着急了："这还得了啊！我的孩子就交给这样的老师啊？"于是，家长就给校长打电话，或者给局长写举报信。然后这个举报从上面一级一级传下来，校长找你谈话，甚至停止你的教学工作，还影响你的绩效。你看，你这不就被动了吗？但本来这一切都是可以避免的。如果你随时都让学生直接给你提意见和建议，你的教学水平不断提高，哪会有这些事儿呢？

今天我啰啰唆唆说了这么多，不一定都对，但绝对真诚。我真是希望你们快些成长起来。孩子们喜欢你的课，你自己都有成就感。我今天上了三节课，看着孩子们课堂上的神情，我自己觉得都很舒服。最后我建议大家可以听听我的课，也许你们会有启发的。

2014年10月18日

我成长历程中的关键事件、人物和书籍

我同意李希贵先生的说法,在任何人的成长历程中,都有着一些关键事件、关键人物和关键书籍。我多次说过,成长是一种自觉选择、自我培养和自由发展。而在这个过程中,与一些关键事件、关键人物和关键书籍的相遇,是至关重要的。这种相遇,也许是偶然的,但相遇后对自己成长产生的影响,则是必然的。

我想到了我自己。33年来,我的教育之旅也伴随着许多关键事件、关键人物和关键书籍。和这些事件、人物和书籍相遇,多数时候并不是我刻意为之,但一旦相遇,便嵌入了我的灵魂,滋养着我的成长。

一、关键事件

第一篇论文在《班主任》杂志发表

1985年春节期间,回顾我三年的教育,许多故事和感悟涌上心头,我情不自禁拿起笔一气呵成地写了

9000多字夹叙夹议的文字。开学不久,我从《光明日报》一则消息中得知,北京教科所的《班主任》杂志即将创刊。我想到我那篇文字,便不知天高地厚地给《班主任》杂志投去了。很快我便收到该杂志王宝祥老师的回复,说"大作拜读,甚好。拟分两期刊载"云云。这对我这个刚刚工作三年的小伙子来说,是一个多大的鼓励啊!这件事更为重大的意义,是让我信心倍增:原来论文居然可以这样写啊!于是,从那以后30年来,我且做且思且写,其乐无穷。如今,我已经出版了60多部著作,发表了上千篇文章。这一切的源头,都在1985年的《班主任》杂志。

《爱心与教育》的出版

1997年8月,我在搬家过程中无意看到了许多老照片,也读到我写的教育日记。这些已经发黄的照片和日记,勾起我美好而温馨的回忆。回忆中,一些故事在脑海中浮现,恍惚中,已经毕业的孩子们笑着向我跑来……我禁不住热泪盈眶。就在那一刻,我作出一个庄严的决定,我要把这些故事和人物写下来,和更多的人分享我教育的幸福。两个月后,《爱心与教育》成稿了。那时还没有"炒作"一说,但仅仅是凭着读者的口碑,这本书出版后至今畅销不衰,产生了出人意料的社会影响,我收到无数封泪迹斑斑的读者来信。这本书对我的意义至少有三:一是让我在更大范围内结识了更多的教育志同道合者;二是让我开始有意识地以教育故事或者说教育案例的方式,记录并传播我的教育收获;三是——我得坦率地承认——这本书为我赢得了巨大的声誉,让我成了所谓的"名师"。

出席纪念苏霍姆林斯基诞辰八十周年国际学术研讨会

1998年11月，我去北京参加纪念苏霍姆林斯基诞辰八十周年国际学术研讨会。最初我很自卑，因为与会者大都是中外著名的苏霍姆林斯基研究专家。因此，当主持人王义高教授请我发言时，我根本不敢接招："我是来学习的，讲不出什么理论。"王教授说："谁叫你讲理论了？你讲你的故事就行！"这给了我信心，因为我的故事太多了。第二天，当我讲完故事时，坐在我身旁的苏霍姆林斯卡娅递给我一张纸，赵炜教授当即给我口译，原来这是一段表达感动并鼓励我的文字，其中有"你是中国的苏霍姆林斯基式的教师"的评价。坦率地说，这个评价很高，但我能接受。因为所谓"苏霍姆林斯基式的教师"，就是富有爱心和智慧的教师，我觉得自己有爱心也有一定智慧。当然，"苏霍姆林斯基式的教师"不止我一个人而是很多，但我作为其中的一员无比光荣。正是从那时开始，我的视野更加开阔，我对苏霍姆林斯基的学习和研究更加积极主动。这为我的教育实践注入了可持续的精神动力。

温家宝总理的批示

2007年7月22日，我通过邮局投寄了一封平信，收信人是"北京国务院温家宝"。八天以后，我得知温家宝总理给这封信写了一段长长的批语，然后转给当时的四川省委书记。我写这封信的背景，这里略去不说。我想说，信的内容绝无任何个人要求，谈的全是平民教育。我呼吁总理支持平民教育。按中国眼下的"国情"，总理批语的信自然会让各级政府"认真贯彻落实"，于是不只是我所在的学校，包括成都市乃至四川省的农村教育一时间都得到高度的重视。总之，这封信产生了极好的效果。也有人误解我，认为我给总理写信有点"那个"。但我认为，只有骨子里缺乏平等意识的人才觉得给总理写信怎么怎么。当然，这事我后来很少提起，因为我并不认为值得炫耀。在我们的校园里，看不到温家宝总理的批示，我在外讲学也极少提起。这次我写这篇文章也想过不提，但这件事的确是我成长历程中的关键事件之一。我得诚实。

二、关键人物

谷建芬

当写下这个名字时我心中充满了感激。其实，到现在我和谷建芬老师也没任何私交。刚大学毕业不久，为了让我的教育既有意义也有意思，我决定把我的班取名为"未来班"，并和孩子们一起创作班训、班徽、班旗和班歌。班歌歌词由全班同学共同起草，经过我修改后交给音乐老师谱曲。可孩子们通过他们在音乐课上唱的谷建芬的歌，喜欢上了这位谷阿姨，便提出："能不能让谷建芬阿姨为我们谱班歌？"这个想法大胆而奇特，但当我们给谷建芬老师写信提出这个请求时，谷老师居然答应了。从此，她专门为我班孩子谱曲的班歌《唱着歌儿向未来》就一直伴随着我的班主任工作。我之所以把谷建芬老师视为我成长历程中的关键人物，是因为30多年来，我一直觉得她的目光注视着我，我因此而感受到一种激励。她答应为我谱班歌，对我来说是一种"运气"，是偶然；但谱了歌之后，我却有意识地把她视为一种标杆，这是必然。每当我的工作有所懈怠时，我就问自己，连和教育没有直接关系的作曲家谷建芬老师都那么关心我的学生，我有什么理由不好好爱我的每一个学生并做好每一天的工作呢？

王绍华

说起"王绍华",绝大多数读者会感到陌生,但对我来说,这也是刻入我生命的名字。王绍华是我在成都市石室中学工作期间的校长。他当年诙谐而真诚地用"谈恋爱追对象"来比喻他希望我到千年名校石室中学工作的迫切心情,至今让我感动不已。但他对我的影响绝不只是"感动"。记得我刚到石室中学,他便问我有什么要求,我说我就希望能安安静静地当一名语文教师和班主任,王校长马上说:"好!我就让你当一名教师,并尽量创造条件让你朝名师和专家的方向发展。"我顿时有一种被理解的感动。以后王校长果然没有"打扰"我,我得以从容不迫地上课带班。关键时候他总给我有力的支持。1998年11月,我想去北师大参加纪念苏霍姆林斯基诞辰八十周年国际学术研讨会,但不够某种"资格",是王校长努力争取让我得以成行。我因此而结识了苏霍姆林斯卡娅,我的教育视野也提升了一个境界。两年后,当我提出要考博士时,王校长不但很爽快地签字同意我报考,而且还特意勉励我向著名特级教师顾泠沅学习,说顾老师也是作为一名中学教师攻读博士学位的。应该说,王校长在这两件事上对我的支持,都加速了我的成长。另外,王校长的仁慈、大度和智慧,都影响了我后来做校长。现在每当遇到困难,我往往会情不自禁地想,如果是王校长,他会怎么做呢?

朱永新

许多熟悉我的人都知道我是朱永新老师的博士生。但朱老师对我的影响,首先却不是知识和学问,而是他的为人。第一,他毫无功利地爱才。我当然算不上有多大的才,但他却把我当作"才"来爱惜与提携。我俩原本素不相识,偶然相见后,他便提出要调我到苏州工作，我婉言谢绝后，他又提出让我考他的博士生。博士毕业后，他希望我留在苏州工作，但我回到了成都。从那以后到现在，他多次对我表示出期待，可我每一次都坚守成都，没让他如愿。但他依然一如既往地支持我，帮助我。不光对我，他还帮助了许许多多普通的老师，但从没要求"回报"。在我看来，他对人的帮助，就是他善良的自然流露。他总是希望所有有理想、有才能的人都能作出一番成就。第二，他胸襟博大。他曾亲口对我说过："只有大胸襟，才能做大事业！"他的大气大度，感动了很多人，也包容了很多人。有时候我们都觉得他的宽厚到了"没有原则"的地步，但他总说："谁没缺点？看人只看他的优点就是了，大家一起做事，需要彼此多包容。"这点对我影响很大。第三，他对教育全身心地热爱与投入。作为民进中央副主席、全国政协副秘书长和中国教育学会副会长，他有多忙可想而知。但他依然利用周末和节假日投身"新教育实验"，常常马不停蹄，甚至通宵达旦地奔波。他说："我愿意为新教育打工！"我曾把他称作"中国教育第一义工"。现在，我无论多么忙，只要想到朱老师，我就觉得自己所谓的"忙"实在不算什么。

雷福民

雷福民原是成都市武侯区教育局局长，以前他在位时，我不便公开向他表达我的敬意和谢意，现在他退下来了，我写文章夸他，不至于被人视为"拍马屁"吧？我之所以把雷局长视为我成长路上的关键人物之一，固然是因为他给了我一个做校长的平台——当初我打算离开成都时，他给我发了一条短信："明天到我办公室来一趟！"这条短信决定了我继续留在成都，也决定了我出任成都市武侯实验中学校长。但这还不是他对我"最关键"的唯一原因,甚至不是主要原因。主要原因还在于他对我的理解与包容。所谓"理解",就是他明白我的追求是什么,也知道我的长处和短处,进而给我以实实在在的支持。我说我当校长不是目的,搞平民教育才是我的追求,于是他把我派往郊外的一所农村学校(随着城市化进程,现在这所学校叫"涉农学校");为了不让繁琐的管理杂务缠住我,他给我配备常务副校长,把我解脱出来,让我脚踏实地、专心致志地思考与研究。他不但理解我,更包容我。他了解我的个性,并宽容我的个性,尽可能给我以思想的自由,也给我以行动的自由,他甚至允许我不参加教育局的校长会。所以我在他面前说话从来坦诚直率,有时候甚至肆无忌惮。正是这种自由,让我这几年的心灵相对舒展,我的行动也相对潇洒。顺便说说,雷局长退了之后,他的两位继任者都延续了他对我的理解和宽容。这是我的幸运。

三、关键书籍

《青春万岁》

这不是一本教育理论书,而是一本反映校园生活的长篇小说。今天读来,这部写于20世纪50年代初的书,很是幼稚与粗糙。但我在大三读这本书时,却为书中纯净清新的校园气息陶醉了,被主人公的纯真健朗打动了,被作品所洋溢的理想主义和浪漫主义感染了。原来教育是这样美丽而美好!《青春万岁》激起了我对中学校园的向往,它也成为我踏上中学讲台后给学生全文朗读的第一本长篇小说。

《给教师的一百条建议》

无论怎么评价《给教师的一百条建议》对我的影响都不过分。这本书我不知读了多少遍，每读一遍我都心潮起伏。书中饱含哲理的语句，以及浓浓的人情味，让我痴迷，甚至让我感到我在亲耳聆听苏霍姆林斯基的教诲。我常常能够从字里行间读到我自己，我的故事和我的思考，进而坚定我的教育信念。这本书还影响了我的文风，寓思考于故事，在叙事中抒情，让思想闪烁着人性的光芒，这是苏霍姆林斯基教给我的写作风格。

《帕夫雷什中学》

在我看来，这是一部学校管理的百科全书。在书中，苏霍姆林斯基全方位地展示了他在德育、智育、体育、美育、劳动技术教育以及学生个性发展、教师专业成长等方面的探索实践。和作者的其他著作一样，该书同样以案例呈现其教育理念。"教育如童话般美丽"是这本书的精髓。可以说，我教育中的浪漫，正是源于此书。

《陶行知教育文选》

这本薄薄的小册子蕴含着丰富的教育的爱、思想和智慧。打开这本书，一股浓郁的中国气派、生活气息会扑面而来，让人感到朴素亲切而又富有鲜明的时代感。如果我们细细清理陶行知先生为我们留下的丰厚的教育遗产，我们会强烈感受到他在教育实践中所体现出来的鲜明的民主精神。正是先生的民主教育思想，深深地影响了我，直到现在。

2014 年 11 月 19 日晚于北京至成都的航班上

"告别童年,走向青春"班会实录

那天应邀去石室天府中学给班主任作分享,意外地看到了以前我在武侯实验中学工作时的同事饶振宇老师,她现在在这所学校工作。久不相见,彼此都感到很亲切。

聊天中,得知她现在依然在做班主任,教初二。我说:"有机会我去给你的学生上一节课!"

以前我在武侯实验中学工作时,就去她班上上过课,在该校工作九年期间,我去每一个班上过课。

她特别激动,立刻就和我说定上课时间。几天后,也就是2022年5月19日,我走进了她的班。

本来我想上一堂语文课,但想到"六一"快到了,就给他们上一节有关儿童节的班会课吧!

也不用准备,这课我刚刚工作不久就开始给学生上,已经成了我的"保留节目",给后来历届学生都上过,包括退休前工作的武侯实验中学。第一次听我上这堂班课会的学生,如今已经年过五十。

饶老师问我需要作什么准备,我说:"你让每一个孩子交一张他们小时候，最好是读小学以前的照片，还有你小时候的照片。收齐了，你给我。"

说"不用准备"，其实也有准备——搜集孩子们小时候的照片，是唯一的准备。

饶老师给我照片时解释说："班上共34个孩子，但有一个孩子实在找不到小学以前的照片，所以只有33张。"

我说："没关系，少一张不要紧的。"

后来我仔细想，不对，有"关系"的。课堂上，所有孩子的照片都被展示了，唯独有一个孩子没有，他该多失落！怎么能说"不要紧"呢？

一个都不能少！于是我赶紧跟饶老师说："请那个孩子交一张小学的照片。"

34张照片都收齐了。我放心了。

我还跟饶老师说，千万不要给孩子们说我要讲什么内容，让他们有一种神秘的期盼。其实，饶老师想说也没法说，因为她也不知道我如何上这堂课。

有点悬念，这是我几十年上语文课和班会课的一个小小原则。这也是我不愿上那种反复演练的"公开课"的原因。

石室天府中学得知我要去上课，为了让更多的老师能够听听，便决定在学校演讲厅举行这次活动，于是，课堂便被搬到了台上。

我略感遗憾，本来我想就在教室里上课，很自然，学生也容易放松。现在有点上公开课的气氛了。但我转而又想，是否真实自然，全在于我。教室里一样可以上得华丽，公开场合同样可以朴素。

上课前，我来到学校演讲厅，看到台上的学生课桌椅已经整整齐齐地摆好。

我对学校有关负责人说:"把这些课桌的方向变一变,一律面对正面的屏幕,而背对台下的老师。"我想,学生看不见那么多的听课老师,压力可能小一些,会更自然。

学生坐好了,我和他们聊天:"知道我为什么要来给你们上这堂课吗?"他们摇头。

我出示一张照片:"这是谁呀?"他们都笑了:"饶老师!"

"是的,这是2009年9月10日那天上午,我在校园里给饶老师抓拍的。"我说,"当时我和饶老师是同事……"下面一阵议论,学生很惊讶地说:"啊?是同事……"我以为我说错了什么,问:"怎么了?"他们说:"饶老师给我们介绍说,你是她的校长。"我笑了:"当时我们都在武侯实验中学工作,怎么不是同事呢?"

我继续解释这张照片:"我喜欢拍照,经常给老师们抓拍一些很自然的照片。那天我看见饶老师和一个孩子从远处朝教学楼走过来,越走越近,非常自然,我赶紧抓拍了下来。"

我说:"上周和饶老师重逢,我主动说我到你们班去上一节课,所以我今天就来了。虽然这样的班会课,我以前给我的学生都上过,但今天这堂课,是专门为你们定制的。"

毕竟是在一个庄重的演讲厅里,是坐在台上,虽然他们看不到后面的老师,可还是有些拘谨。不过,我有信心让他们放松,甚至放开。

"今天这堂课讲什么呢?"我一边问一边出示一张照片,这是前几天我请饶老师发给我的这个班的"全家福"。

我说:"你们看,你们多可爱!你们今年14岁,应该是大地震的2008年出生的。再过十来天,你们将度过最后一个儿童节,告别少先队,然后就走向青春了。所以,我把今天这堂课的主题确定为'告别童年,走向青春'。其实也不是上课,就是和大家一起做游戏,做和童年有关的游戏。"

就这样,没有"起立""老师好""同学们好",课就这样自然而然开始了。

"不知不觉童年就渐渐离我们而去了,留在我们记忆中的童年有哪些乐趣呢?"我问大家。这是我给学生们提的第一个问题。

有人说:"打游戏。"有人说:"滑滑梯。"有一个女孩说:"喜欢爬树。"

大家笑了,我也笑了,我问这孩子:"你在城里生活,到哪里去爬树呢?总不可能在大街上爬树吧?如果那样,人们会发现,哟,树上怎么有小猴子呀?不对,应该是大熊猫,哈哈!"同学们大笑。她也笑了,说:"我是在幼儿园爬树。""哦,你可真调皮啊!"我笑着说。

接下来的答案越来越多:"放学路上采蘑菇。""下河捉鱼。"……学生们渐渐放松。

我问同学们:"你们知道李老师小时候最喜欢什么吗?"他们当然不知道,但都期待地望着我。

我说:"我读幼儿园的时候,正是我们国家的大饥荒年代,老百姓都饿肚子啊!所以我在幼儿园最喜欢的就是老师给小朋友发点心吃。不是一人一个,而是每个小朋友一小块,比如芝麻糕、绿豆糕,一个小朋友一点点,但我们都很珍惜,不愿意一口吃掉,而是用舌头一点一点地舔。有一个小朋友很贪吃,吃完了自己的一份便问其他小朋友:'你还有没有?请我吃一点。'人人都只有一点点,怎么可能有多余的糕点请他吃呢?有一天,我就捉弄他,说:'我还有一点点,请你吃。'我把手掌伸到他面前,手心里有那么一小点,浅黄色的。他看了,直接就用舌头在我手心上舔,一舔而光。我问他好吃吗,他直点头,我说,那是我的耳屎!"全场爆笑。

我也笑了:"如果时间允许,我们还可以说出更多的童年乐趣。说了童年的乐趣,我们再来说说童年的害怕。当然,所谓童年的害怕只是当年感到害怕,今天想起来其实也很有意思的。"

孩子们比刚才更活跃了:"怕狗。""怕爸爸妈妈吵架。""怕踩水上的冰。""怕鸡。"……

"怕鸡?"我有点奇怪,问那孩子,"怎么会怕鸡?"他说:"怕鸡啄我。""哈哈!"大家都笑了。

还有一个孩子说:"我怕老师。"我说:"我们说的是读小学以前。"他说:"我说的是幼儿园的老师。"

我说:"哦,你的幼儿园老师对你不好?对了,你这一说我想起了。嗯,这话还得从我小时候的一个乐趣说起。我读幼儿园的时候喜欢用两个鹅卵石擦火,不知你们玩过没有。"许多同学都点头:"玩过的。"我说:"不只是用鹅卵石,用两个瓷片也可以擦出火来。"他们说:"是的是的。"显然我勾起了他们的回忆。

我继续说:"那时候我全天都住在幼儿园。有一天晚上,我躺在床上,拿出两块鹅卵石,蒙上被子开始敲击,擦出火花,正专注地玩着,突然被子被掀开,后脑勺被重重地敲了好几下,痛得我眼冒金光,但又不敢叫,只能忍着痛。原来老师发现我不好好睡觉,就过来教训我。那以后,我看见那老师就害怕。不过现在想起来,老师也是为我好,万一火烧起来怎么办?"

刚才那个说喜欢爬树的女孩说:"我小时候最害怕虫子。"我走到她身边,问:"现在还怕不怕?""怕。"她说。我说:"怕虫子是许多女孩的共同特点。长大以后也怕。"她又说:"但我做过的最大胆的事,是在我家院子里,点上一圈蜡烛,然后坐在中间看书。"我说:"哟,是够大胆的。读书还要点一圈蜡烛,你从小做事就很有仪式感。哈哈!"

我突然想到,干脆临时再插进一个"童年的大胆"的环节不挺好吗?于是便对同学们说:"其他同学小时候还做过哪些大胆的事?"

一个男生说:"我敢对着狗逗它。"我问:"你怎么逗它?"他说:"对着它叫。它叫,我也学它叫。"大家都笑了。

有同学说:"我和哥哥一起下河。"还有一个男生说:"我回老家,往厕所里扔炮。"……

我说:"刚才同学们聊了童年的乐趣、童年的害怕、童年的大胆……其实都是快乐。哪怕当时无比害怕的事,今天说起来也是令人开心的事。童年就是这么无忧无虑,就是这么纯真无邪。当然,童年还不只是纯真,每一个儿童都是很聪明的。现在我们进入下一个游戏——童年的智慧。请大家拿出纸来,折你小时候折过的东西。看谁折得又快又好!"

孩子们立刻行动起来,纷纷从本子上撕下一张纸,开始折了起来。刚才的叽叽喳喳变成了安安静静。大家都不说话,埋头认真折纸。

不一会儿,有同学举起手中的作品:有小船,有飞机,有指南针,有千纸鹤……

我请一个男生把他的飞机给大家飞一下:"转过身去对着台下的老师飞,飞到哪个老师的面前,哪个老师就是幸运者。"

他站起来,使劲将飞机飞了出去,但飞机还没冲上去,便栽了下来。

我说:"发生了坠机事故!飞机不幸失事了啊!"全场大笑。

我说:"我来试试。"从他手中接过飞机,我顿时感觉自己回到了童年。我拿着飞机,先用嘴对着飞机的前端使劲哈气,其实这都是习惯,小时候飞纸飞机都要这样对着飞机哈气的。

突然,我想起了什么,对大家说:"现在我突然想起一个问题,这个问题以前从来没有想过,现在才觉得是一个问题。为什么我们很多人在飞纸飞机的时候要对着飞机哈气呢?感觉好像哈了气飞机才飞得上去,而且飞得远,好像是在给飞机加油,其实一点用都没有。但这么多年来,一代一代的小朋友飞纸飞机之前都要哈气。"

虽然这么说,我还是使劲地对着纸飞机哈了好几口气,然后扬起手臂用力将飞机抛出去。结果,像刚才一样,飞机直上直下,栽倒在同学们中间。大家爆笑。

我说:"哪怕失败了,也是开心的。这就是童年。"

我问大家:"大家还记得童年的歌谣吗?还能唱出来吗?下面我们来进行一场比赛,比赛唱童年歌曲。"

我将男女生分为两队,各选出一个指挥,然后大家准备。

学生有些兴奋,纷纷开始回忆唱过的儿童歌曲。几分钟后,我请两个指挥以划拳胜负决定谁先唱。台上立刻响起了儿歌:《小兔子乖乖》《一分钱》《两只老虎》《世上只有妈妈好》《小白船》《数星星》《数鸭子》《蓝精灵》《外婆的澎湖湾》《春天在哪里》《鲁冰花》《超级飞侠》《少年英雄小哪吒》《猴哥》……

男声刚落,女声跟上,争先恐后,分秒不停。场面十分热烈。

唱到最后,终于有些疲倦了,我突然想到一首歌孩子们没唱,便说:"你们唱的好多歌,李老师都不会唱,但有一首歌,我想你们唱过,李老师也唱过。"我唱出了第一句:"让我们荡起双桨……"所有学生,包括台下的老师们都跟着唱了起来:"小船儿推开波浪,海面倒映着美丽的白塔,四周环绕着绿树红墙。小船儿轻轻飘荡在水中,迎面吹来了凉爽的风……"

和刚才赛歌时急促的"吼唱"不一样,这首歌大家唱得节奏舒缓,好像都回到了各自的童年。

我被感动了,说:"这首歌从50年代唱到现在,无数新中国的儿童唱着这首歌长大。我特别喜欢这首歌,特别喜欢其中一句歌词。你们猜猜,是哪一句?"

同学们猜了几句都没猜对,我说:"'迎面吹来了凉爽的风'。我曾经用这一句做我一篇文章的题目。这句歌词特别有诗意,唱的时候我也特别有感觉,好像真的有一阵凉爽的风扑面而来。此刻,这风就是童年的风。今天,我们在这风中,告别童年,走向青春!"

课后,在和老师们交流时,我谈道:"这堂班会课有很多即兴生成性的东西,比如让孩子谈童年最大胆的事,就是临时想起的;还有赛歌时最后唱《让我们荡起双桨》也是即兴的。"

一位老师说:"原来是即兴的。《让我们荡起双桨》是个小高峰,师生一起唱,不同年代的人对童年产生美妙的共鸣,老师最后说我们在这里迎面吹来童年的风,告别童年,走向青春。这个环节太精彩了!"

不谦虚地说,我也为我课堂上许多即兴发挥而得意。这就是教育迷人的地方。

但总体上说,这堂课我还是有大致框架的。

唱了儿歌,我说:"前几天,我托饶老师请同学们都交了一张你们小时候的照片……"说着,我在屏幕上出示了一堆照片。

"现在,我们来回望一下我们童年的模样。看当初的你和现在的你变化有多大。"

第一张照片显示出来,就把大家逗乐了。这个可爱的婴儿趴着抬头,胖乎乎的脸蛋上是一双明亮的眼睛。此刻,这粉嫩粉嫩的孩子正咧着嘴对着我们笑。

在大家的笑声中,我问:"这是谁呀?请站起来给大家看看,好吗?"

一个女孩站了起来,亭亭玉立的,如此反差让全场再次哄堂大笑。

我继续一张张地出示照片,每一张都给大家带来快乐——有的憨态可掬,有的故作深沉,有的手舞足蹈,有的文静娇羞,有的如梦初醒……每出示一张照片,都站起来一个少年,都激起一阵笑的波澜。

不少孩子还有造型:有的托腮沉思,有的伸臂舞蹈,有的歪头撑伞,有的拉着箱子,有的戴博士帽,有的骑自行车……

我又来了一个即兴发挥,请这些孩子把当年的动作再比划一下。当然不可能完全复制当年的造型,但恰恰因为有"差异"而显出了乐趣。现场再次笑声不断。

每一张天真无邪的脸,感染了在场每一个人。

我又出示一张照片,指着照片上的小女孩问:"这是谁呀?"没有同学站起来。我指着台下的一位老师说:"这个漂亮可爱的小女孩现在在下面坐着呢!"饶振宇老师站了起来。同学们无比惊讶,又一阵大笑。

接着我又出示一张婴儿照片:"这又是谁呢?"无人说话,大家东张西望。我说:"别看了,你们也猜不到。这是我五个月大的照片。"这次的笑声几乎要把房顶冲破了。

"你们看,李老师小时候是不是也很可爱?"我一边说一边继续出示我渐渐长大的照片:"这是我5岁的照片……"照片上我穿着花衣服,头上还有一个小鬏鬏,像个可爱的小女孩,孩子们大笑。

"这是我14岁的照片,对,刚好就是你们现在的年龄。"我说。有同学点头,说:"这个有点像李老师了。"

"然后,生命不可遏制地向前推进。"我依次出示我人生不同阶段的照片:当知青、读大学、大学毕业、初登讲台、作学术讲座、参加国际会议……我出示最后一张:"这是今年春节前照的。"

没有笑声了,大家显然被这15张照片感动了,甚至震撼了。

我说:"人,就是这样长大的;每一个生命,就是这样成长的。"

"没有人会永远停留在童年,但我们可以永远有一颗童心相伴,有了一颗纯净的童心,我们便永远拥有了青春。"我说,"现在我退休了,可许多人都说我一直有一颗年轻的心。为什么?因为我热爱生活,热爱生命,热爱大自然。这个世界的每一天都让我好奇。"说到这里,我出示了一张照片。这是一座浮在海面上的冰山,洁白的冰山上站着一群企鹅。"这是我2019年12月在南极拍的。"我这句话一说完,下面一片惊叹声。

我说:"很多人都感慨,李老师60多岁了,还像年轻人一样有着澎湃的激情。是的,其实可能有人虽然从年龄上看还是年轻人,可他的心已经老了,因为他对什么都没有了热情,一切都无所谓,看什么都是'就那样'。而我依然保持着对这个世界的热情。"

我继续出示我在南极拍的照片:"这是南极的冰川,这是我和同伴正在向上攀登,这是我在南极的冰天雪地里展示五星红旗……"

"哇！""呀！""啊！"……孩子们已经无法用语言表达他们的震撼了。

我又出示一张水上森林的照片："这是三天前拍的。我这里顺便说说我那一天的生活节奏。早晨六点半出门，疾走五公里到单位，这是我坚持了20年的晨练习惯，以前是疾走六公里，后来减了一公里。到了教科院七点半，我就洗澡。然后开始继续写我最近写的一篇长文《赵一曼》，到了一点四十，这篇文章终于写完初稿。望向窗外，阳光灿烂。早晨出门时，我就特意带着我的照相设备。我想，如果天气好，我随时都可以出发去拍照。所以当时看到外面的蓝天白云，我在办公室简单吃了点饼干，喝了一瓶矿泉水，背上背包，说走就走。一个小时后，我开车到达崇州的桤木河湿地公园，那里有一片水杉林，就是这张照片呈现的景象。多美！"

我又出示我从空中航拍的森林和全景："这是我用无人机在空中拍的，这是我航拍的全景。"孩子们完全被美景吸引了。

"当我离开湿地公园时，偶然看到路边有一簇黄色的野花，正沐浴着阳光在蓝天下绽放。"我说，"其实我前面的游人也从这里经过，但没有一个人停下来观赏，因为他们没有发现这份美，而我却发现了，怦然心动。于是，我用手机拍下了这几张照片。"我出示了几张黄色野花的照片。

我继续讲："当时才三点钟，回家太早了，这么好的太阳，太可惜了。于是我马上打开小红书，看成都周围还有什么可拍的美景，结果发现了无影教堂的马鞭草，导航显示一个小时就可以到达。于是，我毫不犹豫地驱车前往，四点刚过就到了。哎呀，一大片紫色马鞭草竞相盛放，蓝天白云之下，一座白色教堂屹立于马鞭草花海之中,还有一个水塘,教堂的倒影在水中微微摇晃,实在难以用语言来表达当时看到的美!"我感叹道。

"六点过一点,我开始返程,当时我比较着急,因为我想赶在太阳落山前去拍夕阳下的望江楼。你们想想,夕阳西下,彩霞满天,望江楼该有多美!因为是堵车高峰期,我回家时已经暮色苍茫,来不及再去望江楼了。虽然看不到落日了,但我要和晚霞抢时间。于是,我停好车,直接从车库电梯上到顶楼,拍下了满天的晚霞,你们看。然后我又在楼顶等待夜幕降临,最后,我拍下了如水晶一般的成都!"

几张照片,让孩子们再次惊讶得目瞪口呆。

我说:"这就是我普通的一天。所以,所谓'年轻',是指精神状态。我想到了我的大学老师杜道生先生曾经手抄过一篇文字给我,是德裔美国人塞缪尔·乌尔曼写的,美国前总统克林顿曾将其作为自己的座右铭。这篇文字精彩地解说了什么叫'青春'。在同学们告别童年、走向青春的时刻,我把它送给大家,作为我送给你们最后一个儿童节的礼物。让我们一起来朗读这篇文字,我提议,下面听课的老师也一起朗读。"

我出示这篇文字,全场响起了朗读声——

青春不是人生的一个时期,而是一种心态。

青春的本质,不是粉面桃腮,不是朱唇红颜,也不是灵活的关节,而是坚定的意志、丰富的想象、饱满的情绪,也是荡漾在生命甘泉中的一丝清凉。

青春的内涵,是战胜怯懦的勇气,是敢于冒险的精神,而不是好逸恶劳。许多60岁的人,反比20岁的人更具上述品质。

年岁虽增,但并不催老;衰老的原因,是放弃了对理想的追求!

岁月褶皱肌肤,暮气却能褶皱灵魂。烦恼,恐惧,乃至自疑,均可摧垮精神,伤害元气。

人人心中,都有一部无线电台。只要能从他人和造物主那里收到美好、希望、欢畅、勇敢和力量的信息,我们便拥有青春。

一旦天线垮塌,精神便会遭到愤世和悲观的冰霜的镇压。此时,即使20岁的人,也会觉得老了,然而,只要树立天线,不断接收乐观向上的电波,那么,即使你年过80岁,也会觉得年轻。

我、听课的老师,还有孩子们,三代人同时朗读一段话,激情饱满,铿锵有力,我们都听到了青春的声音。

我说:"你们现在读这些文字,只是对青春的向往,再过几十年回头看这些话,你们才会有真正的感悟。"

我又出示一张照片,照片上一群年轻教师和我站在山顶悬崖边,挥臂遥指蓝天。

我说:"去年7月,我和一群年轻老师来到玉屏山。那里有一处玻璃栈道,在半空的悬崖上,我和年轻人站在上面,面对峰峦丘壑呼喊我们的心声。"

我点击播放视频,视频上,我和老师们挥臂高呼:"我们要飞上天和太阳肩并肩!童心永恒,青春万岁!"

我对孩子们说:"这群老师正坐在你们的后面,我建议向他们致敬!"孩子们转过身,向老师们热烈鼓掌。

最后我说:"今天这堂课,是我提前为你们过六一儿童节;'童心永恒，青春万岁'是我送给你们的礼物！"孩子们用掌声回应我。几个孩子为我献上了一束花。然后他们簇拥着我拍了一张合影。

"再见，李老师！"一个个孩子从我身边走过，向我告别。我也向他们招手："再见，同学们！"

2022 年 5 月 20 日

引领成长

教师的成长就是我的成功

2006年8月,我出任成都市武侯实验中学校长。担任校长后,出于"惯性"——我不太愿意说是我"热爱",我没那么高尚——我曾坚持上课并担任班主任,但后来我不得不罢手,因为毕竟我的主要身份与职责是校长。作为杂务缠身的校长,我不可能像单纯的教师一样全力以赴地研究教学、完成各种复杂的教学任务,并达到相应的升学要求。如果我执意要坚持在一线上课,说得直白点,那是对学生不负责。

曾经有一位读者给我写信说:"李镇西,在我们心目中,首先是一位语文特级教师和班主任,而不是校长。"是的,我一直都没有远离语文教学,没有远离课堂。作为"语文特级教师"的我,做了校长自然会格外关注我校语文教师的成长,关注语文教研组的建设。这种关注,主要体现为思想引领、专业指导、身体力行和提供舞台。

一、思想引领

我常常对老师说:"教师,首先是知识分子,他要有知识分子的自觉意识和尊严。一个语文教师,应该有文人情怀、学者视野、诗人气质。"我曾经用教研组活动的时间,给老师们开设专题讲座"语文教师的人文追求",让老师们以古今中外的语文教育大家为坐标,看到自己的差距和努力的方向。读书,是我对老师们进行思想引领的常规做法。《南渡北归》《民主的细节》《唐宋词十七讲》《前方是什么》《教学机智——教育智慧的意蕴》《语文科课程论基础》等著作,我和老师们一起阅读,一起交流。我办公室的书橱一直向老师们开放。每次和老师们谈心完毕,我都让老师们在书橱中选一本书借去看,而且可以在书上勾画批注,下次还书时和我交流。我还请来钱梦龙、流沙河、魏书生、王栋生(吴非)等名家、大家来我校给老师们开设讲座,面对面交流。每学期开学,我都要给老师们播放有关著名知识分子的纪录片和视频,比如傅雷、陈寅恪……面对屏幕上的大师巨匠,老师们在感受到心灵震撼的同时,很自然地会想到在今天,"我"作为知识分子,作为语文教师的知识分子,应该有怎样的追求和作为。

二、专业指导

因为我年长,教育经历比年轻老师丰富,因此经验和教训都要多一些,这是我能够对他们进行专业指导的资本。我长期听老师们的课,除了统一安排的研究课之外,我喜欢跟踪听某一个老师的课,一听就是一个单元甚至更长。因为如果随便听一堂课,有可能这堂课"恰好"上得很好或上得不好，而且任何一堂课多多少少都可以说出其亮点或挑出其不足，这不能说明什么问题。而我跟踪听课一段时间，就对这个老师的教学有比较完整的了解，然后再与他交流探讨。另外，我听老师的课，尽量不以我的课堂为尺子去比量他，也不以统一的标准去束缚他，而尽量让老师根据自己的风格特点去完善其课堂教学。除了听课和交流，我特别注重老师们的写作，鼓励他们写教育随笔，写课堂实录，写精彩片段……写的过程就是反思的过程，而且作为语文教师，写作应该是专业基本功。几年来，在我的倡导下，语文组的老师们写了数十篇课堂叙事的随笔。这些随笔是老师们成长的见证。此外，我对老师们的专业引领还体现在教育科研上。我这里说的教育科研不是什么国家级或省级重大课题，而是让每一个老师研究自己遇到的困难。我常说："把难题当课题就是最好的教育科研。"比如，我校在课堂改革中，也吸取了高效课堂的一些元素，但有老师提出，语文课毕竟不同于数理化课堂，过于模式化、程式化不符合语文教学的特点。"好，"我对老师们说，"那我们就一起来研究符合语文学科特点的语文课该怎么上，这就是我们研究的课题。"目前，我们组正在结合每一天的课堂研究这个课题。

三、身体力行

我经常说："最好的教育莫过于感染，最好的管理莫过于示范。"要求老师们读书，我就得手不释卷；要求老师们写作，我就得笔耕不辍。至少在阅读和写作方面，老师们是很佩服我的。经常在教研组活动中甚至全校教工大会上，我爱给老师们讲我最近读的书，我眉飞色舞地讲话，自然会感染不少老师。我也经常把我写的教育随笔或教育故事印发给全校老师。我的博客几乎每天更新，不少老师都是我的粉丝，天天阅读。还有老师也学我开始建博客，写微博。几年间，我校老师在网上写文章竟然达到了两万多篇。作为语文特级教师的校长，我更多的示范是上课。当校长八年来，我一直没有中断上课。我上课主要分为这样几种情况：一是每届新生入学，我都要给每个班上一堂语文课《一碗清汤荞麦面》，以此作为每一个孩子进入我校的爱的启蒙教育。二是我专门给学生开设的阅读课和选修课。阅读课每个班每周一节，我上五个班，每周五节；选修课是我自己开发的，每周两节。三是在课程改革中，遇到一些难点，有老师叫苦，有畏难情绪，我就主动上示范课。我的课堂从来都是向老师们开放，只要有我的课，老师们随时都可以推门进来听。

四、提供舞台

这里的"舞台"特指老师们成长展示的平台。我经常给老师们提供讲学的机会，让老师们在全省乃至全国展示自己的课堂。有一年，福建的学校请我去讲学，我就主动提出带年轻老师唐燕去。唐燕上课，我点评并作报告。结果唐燕上完课后，学生们围着她要签名、合影，不让她走。几年来，我校先后和我一起外出讲学的老师有十多位。我给老师们提供出版著作、发表文章的机会。每当有出版社向我约书稿，我就问："我主编的行不？"对方说："行！"那好，我就拉着语文组的老师写书，我给他们拟提纲，帮她们修改润色，然后出版。《给新教师的建议》《民主教育在课堂》《每个孩子都是故事》《把心灵献给孩子》……这些著作都是这样诞生的。我还跟全国许多杂志的编辑联系，让我校的老师在其杂志上开设专栏。尽管不是每一位老师的文字水平都能达到专栏的要求，但不要紧，有我呀！老师写了文章，我帮其修改，最后达到发表的水平。另外，我还利用我在一些报刊开设的专栏，推介我校的老师。在《中国教师报》的"镇西随笔"专栏，我已经连续三年写我校老师的故事。一个个普通的名字，因为我的专栏而被全国的同行所熟知并敬佩。

昨天和语文组组长胡成老师谈心，她说："李校长，您来了之后，我们语文组包括我们学校的老师的确发生了很大变化。我们的视野比过去开阔多了，我们读的书、写的文章也比过去多得多。"胡老师很朴素的话，让我很有成就感。八年前，我出任成都市武侯实验中学校长时，有记者问我："你认为你自己怎样做才算是成功的校长？"我回答："教师的成长，是我当校长成功的唯一标准！"今天，我依然这样想、这样说、这样做——教师的成长就是我的成功。

2014 年 3 月 2 日

破除不读书的"理由"

在我看来,一个人的阅读,应该是近乎本能的内在需求,因为我们是人,人就有精神世界,而精神世界一刻也不可能没有情感和思想的滋养。这些人文养料,主要来自书籍。但毋庸讳言,现在的确有一些老师不读书。究其原因,大概有如下"理由"——

第一,"太忙,没有时间!"第二,"感觉不到读书的用处!"第三,"好多书读不懂!"第四,"年纪大了,记性不好,读了书记不住!"第五,"那么多书,不知道读什么!"

好,我今天来分析一下这些理由是否站得住脚,是否能够成为不读书的理由。

第一,"太忙,没有时间!"

其实,有没有时间,关键是看你是否把读书当作内在需要,并养成习惯。任何一件事,只要是你的内在需要,并养成了习惯,再忙都有时间去做,或者说永远会有时间。比如,对于热恋中的小伙子,再忙都有时间去约会,因为这是他内在的需要;再比如,对于吸烟的人来说，再忙都不会忘记吸烟，因为他已经养成情不自禁的习惯。读书也是这样。

我酷爱读书，而且真的养成了"手不释卷"的习惯。但我不喜欢别人说我"勤奋"。我觉得这是我的兴趣、我的习惯，关"勤奋"什么事儿呢？

一次我在飞机上静静地读书，突然旁边一位中年男子侧脸看着我，久久地看着我。我很不自在，便转过脸看着他，他不好意思了，问我是做什么的，我说我是教书的。他说："啊，你多勤奋啊！我从来没见过你这么勤奋的人！"我当时就觉得这话简直是在辱没我的智商，好像我是笨鸟先飞，明天要考试了，今天临阵磨枪地苦苦看书。

我笑了，说："这和勤奋无关，只不过是我的生活习惯罢了！一个人只要对什么有了兴趣，并养成了习惯，那和勤奋是没关系的。比如，我们成都许多人都喜欢打麻将，有人甚至从早到晚，从晚到早，通宵打麻将。为什么？因为他们对麻将有着浓厚的兴趣。如果你赞美他：'啊，你多勤奋啊！'这不是有病吗？"

他听了，不住地点头："嗯，对对对。"

我继续读我的书，过了一会儿，他突然大叫一声："精辟啊！"同时一拍大腿，但他的手拍错了，拍到我的大腿上了，把我吓了一跳："怎么啦？"他说："你刚才说的那个观点太精辟了！我一定要回去给我的员工讲讲。"

所以，老师们，一定要养成读书的兴趣与习惯，这样一来，即使没有人规定你读书，你也会情不自禁地读书了。你书读得越多，你越相信我这句话："和老一代大师相比，我们连学者都谈不上！"

第二，"感觉不到读书的用处！"

读书追求"学以致用"是对的，比如我们备课遇到难题了，我们班主任工作遇到难题了，都可以从相关的专业书籍中获得智慧，怎么能够说没有用呢？

但是另一方面，不要指望读每一本书都有立竿见影的效果，我们需要一些"非功利"的阅读。教师，作为人类精神文明的传承者，除了认真阅读教育教学专业书，能不能读一些与教育教学无关的书——政治、哲学、经济、历史、文学等方面的书？

我们为什么要读书？学以致用当然是一个原因，但还有一个更重要的原因是：我们是"人"！如果就生物学本身的角度而言，人和动物是没有区别的；但"人是一根会思想的芦苇"，于是人便成了自然界"万物之灵长"。人之为人在于"精神"，而通过阅读，我们可以尽可能完整而完美地建构无愧于作为一个"人"所应有的精神世界。正如培根所说："读史使人明智，读诗使人灵秀，数学使人周密，科学使人深刻，伦理使人庄重，逻辑修辞使人善辩。"茫茫宇宙，匆匆人生，"我是谁""我是从哪儿来的""我要到哪儿去"——对自己生命的追问，需要我们徜徉于人类精神文明的长廊，在触摸历史的同时憧憬未来，在叩问心灵的同时感悟世界。

第三，"好多书读不懂！"

我一直认为，读书应该是一件让人快乐的事，当然，这里的快乐不是浅薄的开心，也包括"思考"的幸福。但有的书就是成心不让读者读明白的，你怎么思考脑子里都是浆糊，你怎么读也读不懂，那怎么办？很简单，不读就是了。

现在有的所谓"专家"本身就没有想要读者读懂他的"大作"，你都读懂了，怎么会显出人家的"高深"？作者硬着头皮写的书，读者当然只有硬着头皮读。我不愿硬着头皮读，那就不读！老师们不要因此而怀疑自己的智商,不要自卑。既然那些书我们读不懂,那不读就是了,我们找能够读懂的书来读!

我建议老师们读教育经典名著。因为真正的经典名著不但有思想,而且"好懂"。是的,比起当今一些喜欢玩弄时髦术语、晦涩理论的伪学术著作,真正的教育经典名著真是平易近人。请打开孔子的《论语》,夹叙夹议,而又穿插着孔子与弟子之间生动的对话;请打开卢梭的《爱弥儿》,作者把自己描写成一个教师,把爱弥儿描写为理想的学生,叙述了爱弥儿从出生到 20 岁成长和受教育的全过程,从中阐述了作者"自然教育"的思想;请打开马卡连柯的《教育诗》,在一个个有血有肉、栩栩如生的人物形象中,在一个个跌宕起伏、曲折动人的故事里,蕴含着教育家的教育思想、教育机智、教育技巧、教育情感……;请打开苏霍姆林斯基的《育人三部曲》,听他一边讲述故事,一边抒发感情,一边阐述理念,真是一种享受;更不用说中国现代著名教育家陶行知了,他的教育著作也深入浅出,用老百姓的语言谈深刻的教育道理,他还用诗歌甚至儿歌来表达他对教育的理解。经典之所以是经典,不是因为深奥而是因为深刻,而这"深刻"又往往是通过非常朴素的形式表达出来的。

第四,"年纪大了,记性不好,读了书记不住!"

这个理由真是有趣,我要问的是,谁让你记了呢?难道你每读一本书都要考试吗?既然不考,你记它干什么呢?读了书还必须记住,这是自己苛求自己。除了是为考试的阅读,我们一般都不需要刻意去记住书里的每一句话、每一个字。所以,"记不住"是很正常的。但是,记不住难道就白读了吗?请问,1997 年 4 月 23 日早晨你吃的什么?能告诉我吗? 2005 年 8 月 31 日中午你吃的什么?

你能记住吗？2014年7月28日晚上你吃的什么？你还能想起来吗？我估计你统统说不上来，但是，难道这些饭你都白吃了吗？每一顿饭你都记不住，但每一顿饭的营养都已经化作你的血肉；同样，你每本书都记不住，但你并没有白读，因为每一本书的内容都已经化作你的精神、你的灵魂！怎么能够因为"记不住"而放弃读书呢？

第五，"那么多书，不知道读什么！"

是的，书籍浩如烟海，我们时间有限，的确应该有所选择。我这里给大家推荐四类读物。一是教育报刊，比如《人民教育》《教师月刊》《教师博览》《中国教师报》以及各学科的专业杂志。严格说起来，报刊并不是书籍，但阅读的功效和书籍是一样的。读这些报刊，目的是了解同行在思考什么，在研究什么，了解一下当今教育和自己的学科最前沿的研究动态，进而让自己受到启发。二是人文书籍，政治的、历史的、经济的、哲学的、文学的，等等。读这些书，主要目的是拓展自己的人文视野，使自己能够站在人类的历史长河和精神高地审视自己的每一堂课。三是学生喜欢读的书，比如杨红樱的、秦文君的、郑渊洁的，等等。读这些书，我们可以了解学生在关注什么，这是走进学生心灵的一条有效途径；同时，读这些书也能使我们保持一种永远年轻的心态，和孩子们有更多的共同语言和共同情怀，这是教育不可缺少的前提。四是教育经典，重要性我前面已经说了，不再重复。但我这里要特别推荐苏霍姆林斯基和陶行知的著作。读他们的书，我们会读到今天中国的教育，读到我们自己。

说了这么多，我们还有不读书的"理由"吗？

2014年8月31日

为了孩子的快乐和教师的幸福

今天我校附小举行新教育实验第二届研讨会。本来我在开政协会，没打算回学校参加研讨会，但上午还是请了假回到附小。副校长谢华老师要我在会上给大家说几句。我说"那就说几句吧"。

下面是我的即兴发言——

会前我问我校副校长谢华老师："这次发给各兄弟学校的研讨会通知，是以教育局的名义发的，还是以我们学校的名义发的？"他说："因为时间紧，来不及通过教育局了，所以是以我们学校的名义发的。"

我非常感动。在没有任何行政指令的情况下，来了这么多学校的校长和老师，还来了不少家长朋友。这是谢华老师的魅力吗？不是。是我李某人的吸引力吗？也不是。是新教育实验的凝聚力！

为什么要搞新教育实验？回答这个问题之前先得问问，为什么要搞教育？在这个最根本的问题上，不知何时起我们似乎迷失了方向。经常有这样的教育活动或会议通知，开头都写"为了贯彻落实某某领导在最近什么什么会议上的指示"，我们特怎么怎么。可是我要问，我们做教育是为领导吗？

我多次讲到台湾作家张晓风的一段话。张晓风有一次送儿子上学，看着儿子渐行渐远的背影，她感慨万千。回到家中写下一篇文章《我交给你们一个孩子》，她这样写道："世界啊，今天早晨，我，一个母亲，向你交出她可爱的小男孩，而你们将还我一个怎样的呢？"回答千千万万母亲这样的问题，才是我们教育的目的。也就是说，我们的教育就是为了千千万万的家长和他们的孩子。

搞新教育的目的也是这样。不是教育局发文件我们才搞，不是因为朱永新老师我们才搞，不是因为我李某人才搞，也不是为了学校"彰显特色""打造品牌""提升形象""扩大影响"等才搞新教育，也不是为了什么国家级课题才搞新教育。我们搞新教育，就是为了我们孩子的快乐，我们教师自己的幸福。因为新教育的宗旨就是追求过一种幸福完整的教育生活。

新教育实验重在自愿。新教育实验在武侯区已经有几年了，一直平稳而执着地推进着。我一直强调，做新教育一定要心甘情愿，千万不要有半点勉强。本来也有人曾经建议通过教育局发文，号召各学校做新教育，但我不同意，如果因为应付而参加新教育，不可能真心去做，也不可能长久去做，那就没意思了。所以，今天前来的校长们都是新教育真诚的信奉者。据我所知，李维校长的马家河小学，一直在默默地做着新教育，不求宣传，只求实效。还有金艳校长的机头小学做新教育也做了好多年，也是很踏实的。今天，浓雾弥漫，寒气袭人。但我们聚集在这间屋子里，共话新教育。这就是"尺码相同"。

新教育实验重在实践。刚才我校的吴霞老师对我校的新教育实验作了总结汇报。应该说，她所说的都是真实的，的确是我校这两年走过的实实在在的路。不过，我觉得只听汇报还说明不了什么，关键是要看课堂，看教室，看孩子。也不只是看今天，而要看每一天普通日子里老师和孩子的生活。说实话，只要是研讨会，任何一个学校都可以作一个非常精彩的总结汇报。但关键还是在平时的实践。新教育不是说出来的，而是做出来的。不在于外在的炒作，而在于内在的行动。本来在今天的国际论坛上，武侯区是要挂新教育实验区的牌子的，因为张局长在国外这事就放下了，准备明年开年会时授牌。但我认为挂不挂牌不重要，重要的是我们在做。就像武侯实验中学做新教育做了好几年了，可至今没有挂"新教育实验学校"的牌子。那不重要。因为新教育重在实践。

新教育重在成长。新教育的成果当然也体现在各种数据、各种指标上，但我认为最重要的成果是孩子的成长和教师的成长。孩子是不是快乐？教师是不是幸福？这是检验新教育实验的一个重要指标。刚才在做早操时，我在操场边上拍照。我主要是给老师们拍，因为老师们的精神状态太让我感动了。前段时间我在外面，在北京，在广东，听到了很多事，回到校园看到老师们单纯的笑容，我真的很感动。我就想，还是小学老师单纯的教育生活好啊！当然小学老师也有压力，但相对来说要单纯得多。新教育实验就是要提升教师的幸福感。我们特别看重教师的成长故事，一个学校的文化就体现在这些故事中。

新教育实验重在朴素。最近几年我写文章抨击教育的浮华、喧嚣。有人不高兴。但我依然坚持我的观点——教育，朴素最美。教育本来就是朴素的。最近，我在广东给雷夫解释"素质教育"，我说"素质教育就是教育"，因为所谓"素质教育"所提倡的，都是教育本来应该有的内涵，只是我们的"教育"越来越远离教育，于是为了强调教育的应有内容，我们提出了"素质教育"这个概念。其实，"素质教育"这个词是多余的，同样，从某种意义上说，"新教育"这个词也是多余的。新教育的所有主张，都是教育本来应该有的。将来有一天，我们不再说"素质教育"，也不再说"新教育"，所谓的这样"教育"那样"教育"都回归到"教育"，中国教育就成功了。

核心的问题是：我们要把怎样的时光留给孩子们未来的记忆？这同时也是我们教师自己的记忆。

谢谢大家！

2013 年 12 月 31 日

教师的解放与超越

各位老师好!

这次中国教育三十人论坛在青岛的峰会主题聚焦青年教师成长,我给大家带来的演讲题目是"教师的解放与超越"。

解放,是指心灵的自由,就是摆脱陶渊明所说的"心为形役",是让自己有一颗干净、纯粹的教育心。超越,是指行动的超越,超越自己,每天都和昨天过得不一样。

先给大家推荐一本书。推荐之前我先提一个问题:人生的伟大是可以被计划的吗?有一句话叫作"有志者事竟成",还有所谓的"不想当将军的士兵不是好士兵",从小梦想成为什么杰出的人,然后制订人生规划以及努力的计划,朝那个方向去奋斗。但是,哪一个杰出的人物是被"计划"出来的?哪一个人是按部就班地一步步达成自己的目标的?

我推荐的这本书是《为什么伟大不能被计划》,非常值得一读。昨天在饭桌上刘长铭校长说他刚读完,是一本好书。我一读到它，马上就给李希贵和程红兵推荐。这本书有一个基本的观点，所有的成功乃至伟大，都是一系列意外促成的结果。有些地方的教育行政部门爱宣称，三年打造多少名师，五年打造多少专家，等等。我总是不以为然，名师专家可以按计划批量生产吗？当然，要实现这些目标也很容易，到时候发证书就可以了嘛！至于是不是真的名师或专家，那是另外一回事。所以，对所谓"培养教育家"还有诸如"百千万工程"之类的宏伟规划和目标，我始终表示怀疑。

前不久我在《为什么伟大不能被计划》的书评中写道——

1953年，23岁的袁隆平从西南农学院毕业后被分配到湖南省安江农业学校当教员，开始在田野研究水稻。当时他能想到，再过47年，他将获得2000年度国家最高科学技术奖吗？

1966年，刚读五年级的管谟业不得不因为"文化大革命"爆发而辍学，开始了在家长达10年的务农。当时他能想到，再过46年，他能够以"莫言"为笔名而成为第一个获诺贝尔文学奖的中国籍作家吗？

1974年，19岁的乔布斯从大学休学时，他会想到若干年后，他将被称作"苹果之父"吗？

我这样一说，可能有人会说："那人生的奋斗还有啥意思呢？"这本书告诉我们，所有的成功核心有两点：

第一，按照你的兴趣去做，投入、沉醉、痴迷你所喜欢的事，只管耕耘，不问收获，"走到哪儿算哪儿"。一位爵士音乐家说，如果你要让你的音乐有所突破、有所创新，你就随心所欲地按你喜欢的方式去演奏吧!

第二,抓住"踏脚石",以开放的心态不断接纳新的信息,包括各种观点和方案。这个"踏脚石"可能是一本书,可能是一个人,可能是一件事……总之,无数个"踏脚石"会让你与成功不期而遇。

回到今天的主题谈青年教师成长。说到青年教师成长,有的老师爱说"职业倦怠",刚参加工作可能还有热情,但随着时间的推移,最初那颗充满理想的教育心可能就渐渐冷却了,对工作也渐渐倦怠了。这是妨碍青年教师成长最致命的因素之一。

那么,如何保持教育的初心,克服职业倦怠呢?我的体验有三点:

第一,情感。让我们自己沉浸于孩子透明的心灵和无邪的笑脸,被他们感动,因他们陶醉。我们是和世界上最纯净的人打交道。你怎么会倦怠呢?

第二,智慧。遇到难题怎么办?那就研究嘛!当你进入研究的氛围会忘记周围的一切,没有哪个科学家会厌倦自己的研究。而基于实践的研究,就是不断增长智慧的过程。

第三,创新。在这个过程中要克服困难、超越自己,不要重复自己,今天和昨天要不一样,每天都是一个崭新的自己。这样的工作不但有意义,而且有情趣,自然不会让人感到倦怠。

可以这样说,我是随心所欲做了几十年教育,做的完全就是自己感兴趣的事。没想过几年之内要成为什么,十年之内要"拿下"什么,就是和孩子泡在一起,研究他们。于是,不知不觉地走到了今天。

搞教育,首先要处理好师生关系,没有水乳交融的师生关系,就不可能有教育。最近一句话比较流行:"好的关系就是好的教育。"但并不是所有"好的关系"都是"好的教育"。那么,"好的教育"所需要的"好的关系"应该是怎样的呢?

我想,至少具备五个要素:蕴含教育、体现平等、充满互动、彼此信任、持续稳定。和孩子的关系只有具备了这五个要素,这样的关系才算是好的教育。当然,重要的前提是你喜欢和孩子打交道,看到孩子情不自禁地开心。

大家看屏幕上我和学生的一组照片,这些照片展示了几十年来我和学生的关系。

这张照片是大学毕业后,我第一次带学生到郊外玩儿的照片。你看我多开心,我身边的孩子多开心!于绿水青山中欢歌笑语,这才是教育本来的样子。

这是我当年的泳装照,和学生在一起,多开心哪!

这张照片是我和学生在岷江之滨彻夜狂欢时拍的,当时他们初三毕业了,我把他们带到校外去玩儿,庆祝毕业。

这张照片是我教高二时把学生带到峨眉山上去,用我们青春的躯体在茫茫雪地上写下"一班"二字。教育就应该这样浪漫!

这是我和学生在原始森林徒步探险,这是我和学生在草地上学狗叫、摔跤,多开心哪!从某种意义上说,这样的生活就是教育本身。

我年轻的时候这样我行我素,我觉得这就是教育本来的样子。经常被校长批评,还挨过处分,但我从来没有想过要"改正"。50多岁了我还当班主任,还带学生出去玩。结果校长不批评我了,还很欣赏我。你们知道这是为什么吗?因为我就是校长嘛!

所以我说,推动我几十年来成长的最核心的动力,就是我把教育当爱好，痴迷于我这个爱好。其他的因素都是次要的。

许多年轻人都希望自己成为好老师，但什么叫"好老师"呢？我的理解是，好老师要有"四会"——

第一，会上课。课要上得好，这是毫无疑问的。那什么叫"上得好"呢？"好课"有很多的标准，但我认为有一个标准是基本的，那就是你的课是否让孩子着迷，每天都盼着上你的课。不谦虚地说，这点我做到了，我的学生就是喜欢我的课。

第二，会带班。年轻人把课上好很重要，但还要会当班主任，把班带好。好到什么程度？好到学生迷恋你的班。前几年，我教的第一个班的学生来看我，他们现在都已经50多岁了。有一个女学生对我说："李老师，您教我们的时候，我天天都盼着上学！"因为我们的班级生活让她迷恋。

第三，会开发课程。就是要研究教学，包括课程开发。尤其是要把自己当成课程资源，一个教师不能只是熟悉教参、教材、习题，你的视野、你的阅历等都是课程，甚至教师本人就是课程。"我"就是语文，"我"就是数学，"我"就是教育。

第四，会转化后进生。这一点相当重要。每一个后进生都检验着教育者的真爱和真智慧，在优秀老师眼中，每一个孩子都是唯一的，都有自己独特的天赋。不要只看到孩子的差距，而要发现孩子的差异。或者说，优秀的教育者总能将孩子与别人的"差距"变成孩子所独有的"差异"。

好老师是谁培养的呢？是自己培养自己的。怎样培养？我有"四个不停"：不停地实践，不停地思考，不停地阅读，不停地写作。年轻教师如果做到这"四个不停"，坚持五年八年想不成功都十分困难。但核心是"不停"。

下面我稍微展开说说。先说"不停地阅读"。阅读让我们的精神世界格外饱满，生命状态格外蓬勃。阅读对人特别是教师的重要性，不言而喻。但现在很多老师却不读书，这是很令人担忧的一件事。

北大陈平原教授有一句话说得非常好："如果你发现自己已经好长时间没读书，而且没有任何负罪感的时候，你就必须知道，你已经堕落了。"大家可以问问自己：我"堕落"了吗？

很多老师对我说："不是不想读书，而是没有时间啊！"时间从哪里来呢？我跟大家说，时间是从习惯而来！所谓"习惯"是不由自主的，是情不自禁的。习惯是不需要计划，不需要提醒的。你看吸烟的人，从来没有给自己制订计划，今天要吸多少支烟，到时候情不自禁就把烟掏出来了，再忙也有时间吸烟。所以，习惯给我们时间。

还有老师说："我读也没用，因为我根本记不住啊！"我说："你记它干什么？谁要你记住了？"一个人长这么大，吃那么多饭，每一顿都记得住吗？记不住是不是就白吃了？不是的。几十年中每一顿你记不住的饭，都是你生长的营养，已经化作你的血肉和筋骨。读书也是一样的，每本书你都记不住，但读多了你便精神健全了，灵魂高尚了，胸襟开阔了。这和吃饭是一样的道理。

关于阅读我就不多说了。但我还想提醒大家一下，傅雷在给他儿子的信中说："先为人，次为艺术家，再为音乐家，终为钢琴家。"那我们教师呢？我按照这个逻辑仿造了一个句子："先为人，次为知识分子，再为教育者，最后才是学科教师。"所以，我特别不赞成"教师专业发展"这个说法，这个说法很容易把专业仅仅理解为学科教学。我刚开始有这个想法时，都不好意思说出来，怕别人说我"胡说八道",但后来看到我尊敬的叶澜教授也提出"不宜简单地说'教师专业发展'",我才鼓起勇气表达了我的意思:我也不赞成简单地说"教师专业发展",我认为应该是"人"的发展与成长,这才是对的。

大家看这本书《教学机智——教育智慧的意蕴》,作者是加拿大学者马克斯·范梅南。2007年第一次读这本书时我就迷上了它,当时我正做校长,我给全校每位老师都推荐了它。

马克斯·范梅南认为,教学机智是不能被事先计划的,是教师综合素养的自然流露,是情不自禁的表达,是不由自主的言说,是一种阅历、修养和艺术。

大家再看这句话,非常朴素,非常感人,又非常深刻:"你想把自己的孩子交给怎样的老师来培育,你自己就做这样的老师吧!"我经常想,当一名好老师说不容易其实也容易,就想两个问题:假如是我的孩子,假如我是孩子。经常想这两个问题,就能当成好老师。

再看他的表述,是多么亲切和朴素:"何谓儿童?看待儿童其实就是看待可能性。"说得多好!还有:"教育学就是迷恋他人成长的学问。"我一直认为教育更多的不是属于科学,而是人文。它是情感的感染和精神的浸润。

再说"不停地写作"。大家看照片,这是我年轻时被同事抓拍的一张照片,是我伏案写作的情景。我那个时候写了很多东西,没有想过发表——那时哪有发表的机会啊,我就是单纯地想记录自己的教育生活,为自己的将来留下温馨的记忆。

不过我的一份文稿是发表了的。我简单说一说这篇文章的写作背景。1987年底,离我学校30公里以外的另外一所学校一名叫宁小燕（化名）的高一女生自杀了。这个孩子品学兼优，没有任何征兆就自杀了，父母、老师都百思不得其解。于是，我产生了研究的兴趣，利用周末的时间自己骑自行车30公里去采访和了解。我得到了她的遗书、作文和日记。我用了半年时间研究，半年之后我得出结论，宁小燕是死于精神窒息。从她的日记、作文和遗书中可以看到，成长中的她有太多的苦闷得不到解答。她在日记中这样写道："那么多的政治课、语文课、班会课，老师讲了那么多的道理，却唯独没有我希望得到解答的问题。"她说："老师讲的不是我们想的，我们想的恰恰没人回答。"她的苦闷越积越多，无人解惑，无法排遣，最后只好一死了之。我写了一篇9000多字的报告文学，直接投给了《中国青年报》。没想到《中国青年报》在头版刊发了我这篇长文——《她给教育者留下了什么"遗产"？》。什么"遗产"？就是教育不能只管行为，还要关注心灵，只有走进心灵的教育，才是真正意义上的教育。

我以这篇文章为例想说明，年轻时我的写作成就了我，由此我开始了对学生心灵的研究，促进了我思考的深入和实践的不断改进。我的第一本著作就是研究学生青春期教育的，叫《青春期悄悄话》。还有后来颇有影响的《爱心与教育》，也是我实践、思考、阅读和写作的成果。是写作成就了我。所以我经常对年轻老师说，如果你拿起笔来，持续不断地写作，你会发现不一样的自己，这个"自己"会让你吃惊。

再说"不停地实践"。所谓实践，我的理解和做法，就是带着一颗思考的大脑从事每一天平凡的工作。这是一种科研性的实践，而把难题当课题是最好的教育科研。

我当校长的时候，有一位年轻女教师跟我说她不想当班主任，理由是她班上有一个小孩她管不了，太让她烦心了，所以不想当班主任。当时我对她说的第一句话是："恭喜你有了一个科研对象！"我对她说："你把孩子当成科研对象，心情会很平静，不会那么急躁；而如果把他当成一个'差生'，你自然会很生气的。比如，小孩打架了，你肯定火冒三丈，怎么又打架了？但如果把他当成科研对象，你会研究他为什么又打架了，这样心情就平和了。"只有把难题当成课题来研究，这才是真正的有效教育科研。

而我们现在一些老师的所谓"科研"，课题不是来自自己的课堂和班级，而是来自文件，来自上面的指示精神，来自时尚的学术流行语。比如很长一段时间以来，一说到课题，总是贴标签，开口闭口就是"基于核心素养的……"，后来又是"基于'双减'背景下的……"好像没有"核心素养"没有"双减"就不能搞教育科研一样。"基于"这个"基于"那个，就是不基于自己班的学生。而一旦潜心研究自己的班级，研究自己的课堂，研究自己的学生，你的科研便现出了真正的价值，你也会因此而成长起来。

回过来说当初不愿当班主任的那位年轻教师，后来她真的开始研究那个让她头疼的男生了，因为带着一颗思考的大脑研究实践中的难题，她后来成了一位名师。我也是这样的，是一届又一届的后进生成就了我，"培养"了我。因为转化后进生是最好的教育科研，而这样的科研，是最有价值的实践。

思考与写作，当然也包括阅读，都能促进实践。在研究宁小燕的时候，我情不自禁地想，我班上虽然没有一个孩子自杀，但有着和宁小燕同样困惑苦闷的孩子可能不止一两个。我的教育应该怎样面对心灵？这促使了我的教育转型，从仅仅关注行为转为关注心灵，于是就有了我的青春期教育。

因为时间关系，这里我简单说说我和学生保持书信交流的事儿。

我认为，所谓"青春期教育"远不只是"早恋教育"，因为孩子的青春期远远不只是有着来自"早恋"的苦闷，而是方方面面的成长的烦恼，包括性格的自我认同、如何处理同学关系、如何处理和父母的关系、改善自己的性格等。我经常找学生谈心，但有一些孩子比较内向，他对你有什么意见和想法都不说，也不一定是对你有什么意见，就是不太爱说话，怎么办？我想到了书信。我和这些孩子长期保持书信的沟通，慢慢范围扩大，到后来我与班上每个孩子都通过写信交流。

这是一种非常美妙的感觉，每当夜深人静的时候，我在灯下展开信纸，用笔写下一行行字，我感觉自己走进了一个个独特的心灵，自己翱翔在心灵的海洋中，那真的是一种享受。换到今天来看，可能有老师会说，那不是一种负担吗？但我愿意做的事情，做一百件事都开心；不愿意做的事情，一件事情就让我难受。给学生写的这些信不光是谈教育，什么都谈，就是平等地聊天，包括我读了什么书，去哪儿旅游，我都写，学生也向我敞开心扉，在回信里什么都说。一直到2000年以后，我才停止了用笔写信，改为在电脑上写信。

2020年疫情第一年，我在家里收拾书房，偶然发现了一摞高高的本子，捆着一圈圈的绳子。是什么东西呢？我想了想，哦，是1990年我调到成都工作搬家时带来的，可见这一摞本子多么珍贵！30多年过去了，我完全忘记是什么东西了？打开以后我大吃一惊，拍了一张照片发在朋友圈里，写了一句话："我被我的青春感动了！"这是我年轻时给学生写信的草稿，先打个草稿，再誊抄一遍，这是双倍的工作量啊！翻开一页一页的草稿，真的被自己感动了。这就是我所说的实践，带着思考和情感的实践。

后来有六个80年代的学生来看我，出去吃饭的时候，我随手抓了两个草稿本。我不知道这些草稿是不是写给他们的，只是想在饭桌上多一个聊天的话题。结果没有想到，每个孩子都找到了属于他们的那一页书信。

这就是我所说的"不停地实践"。唯有这样，我们的教育才能走进学生的心灵深处。我做这些当然很忙，但我是主动地忙，而不是被动地被摊派各种杂事。另外，我是带着思考和感情在忙，而不是麻木地凭着惯性重复做事。

最后说"不停地思考"。我说的思考也不是空洞抽象、脱离实践的空想。我想特别强调的是，教师是知识分子，思考是我们的天性。站在实践的大地上，让思想飞翔。我的许多思考都来自沉重的现实。

以德育为例。德育这个话题很沉重，至少对我来说，从参加工作到现在，几十年来每隔三五年就会接到一个文件。但40多年过去了，当年所针对的问题，依然存在。问题出在哪里？接下来，我谈谈我对德育的一些肤浅思考。先要说明的是，在我今天的语境中，德育就是教育，某种意义上教育跟德育是可以画等号的。中国古代没有"德育"的说法，教育就是德育。赫尔巴特说："道德是教育的最高目的。"因此，教育的本质就是德育。

我对德育的肤浅思考——

第一，没有"专门的德育"，只有"完整的教育"。

第二，道德是无形的，德育是隐蔽的。

关于这一点，我写过两段话来说明："风是存在的，但我们看不见风；我们看见的是长发的飞扬，是裙摆的飘逸，是树梢的摇晃，是湖水的颤动，是海面的起伏，是船帆的鼓胀……""盐是人不可缺失的元素，但我们从来就不会专门去吃盐，我们吃的是回锅肉，是宫保鸡丁，是水煮肉片，是北京烤鸭，是成都火锅，是面条，是馄饨，当然还包括喝各种美味的汤……"

第三，没有"专门的德育"，却有"直接的德育"。

第四，德育的最好方式是融入生活，德育的最佳效果是化作人格。

第五，间接的德育，就是"好玩儿的德育"。

第六，最好的德育，是"没有德育"的"德育"。

第七，离开了情趣盎然的活动，德育是不可思议的。

第八，德育的关键，是德育者本身的素质。

我想强调的是，德育应该蕴含于学科教学的过程中。我们给学生讲知识，不只为了让学生学以致用，更重要的是在学习的过程中塑造人格。又比如道德是无形的，德育应该是隐蔽的，而我们一些教师现在是唯恐学生不知道我们在对他进行德育。昨天和刘长铭校长还在讨论这个话题。苏霍姆林斯基有一本书叫《给教师的一百条建议》，最后一条是"保密"，他说教育的意图隐蔽得越好，教育效果越佳。

德育者的人格形象本身就是最好的德育。讲到这儿我不由自主想到了已故的朱小蔓老师，我特别敬佩她。我们曾经一起去乌克兰，路上我就在感慨朱小蔓老师的举手投足、一言一行，让人感觉她特别善良温和，亲切而不做作，一切都很自然。所以，大家把她称为"德育女神"是有道理的。她的一个微笑、一个动作都蕴含着道德感染力，让她周围的人自然而然受到感染。如果我们说一套做一套，那么德育越"加强"越有问题。

记得刚当校长的时候，第一次参加学校的升旗仪式，学生们戴着红领巾站得端端正正，可旁边的老师们却揣着手聊天，很散漫。第二天开会，我提了两个非常尖锐的问题问大家："我们给学生讲的，我们信吗？我们让学生做的，我们做吗？"我说："所谓教育，就是你让学生有的，你先要有。这就是德育。"

在我的建议下，后来的升旗仪式上，老师们都单独列队，给学生作示范。后来我们学校的升旗仪式真的是非常棒，每到升旗的时候，体育老师先整理老师的队列。老师站好后，体育老师扫视全场，下达口令："全校同学听口令，向左向右转，向老师们看齐！"向老师们看齐，就是最好的德育，最好的教育。

我当校长时经常对老师们说："最好的管理莫过于示范，最好的教育莫过于感染。"没有示范和感染，就没有好的教育。

40年的教育生涯告诉我："人是最高价值。"这是苏霍姆林斯基的原话。我认为这是对教育本质最深刻、最朴素的思考，是苏霍姆林斯基最重要的教育思想。这里的"人"也包括教师。好的教育，应该是学生和教师作为"人"的价值得以充分实现。

最近正在热映一部电影，叫《消失的她》，这部电影的原创音乐作者是我的学生胡小鸥。他还是今年春节播的电视连续剧《狂飙》的音乐总监。我至今保留着胡小鸥当年考上四川音乐学院后给我寄的新年贺卡，上面写着："我将牢记你的教诲，做一个正直的中国人，写出好的作品报答祖国。"他父亲很多年前给我写过一封信，里面说，胡小鸥和同学在家里聚会，"谈到镇西大将军时，都佩服得很。这不是官方的大奖状，你征服了学生的心，学生爱你，比什么都珍贵"。这些话让我非常感动。学生的成长，就是对教师最大的褒奖。不必用堆叠的荣誉来证明教师的成功,教师的光荣就印刻在历届学生的记忆里!这就是我们幸福的所在。

为什么很多老师的成长很困难?重要的原因之一,就是有太多来自名利的杂念。泰戈尔说:"鸟翼系上了黄金就再也飞不起来了。"现在的社会很浮躁,有的老师一工作就订立了"宏伟计划",比如三年拿下"教坛新秀",五年拿下"市优青",十年后评上高级,十五年后评上特级或正高级。如此功利而浮躁,急于求成,往往适得其反。

我刚才说了,现在再说一遍,作为年轻教师,你要沉醉于自己感兴趣的事情,只管耕耘,不问收获,最后成功会和你不期而遇。就算没有世俗意义上的"成功",但在这过程中你幸福了,也心满意足了。

很多老师问我:"职业对你来讲是什么?"我的回答是:"爱好!"我做了几十年的教育,就是玩儿我的爱好,这一辈子就是享受。

大家再看一张老照片。这是我所教的一个班级的毕业照,这个班的故事很精彩,许多故事我都写进了我的书里。2018年我们聚会,我对学生们说,你们都不知道,当年我们的故事被我写进书里,感动了很多老师,那本书叫《爱心与教育》,你们的故事让很多老师流泪。我相信,再过一百年,你们和我都不在这个世界上了,但是我们的故事依然会温暖着这个世界,因为教育之爱是永恒的,人性是永恒的。

他们说:"李老师,您要退休了,能不能再为我们上一堂课啊?"这个建议点亮了我的心,太好了!第一次给他们上课时,他们十一二岁,如今他们年过半百;而我呢,当年风华正茂,现在即将退休。但我们依然充满激情,师生携手重返青春的现场。

这是当时的课堂照片。看，180人的座位挤了将近400人，为什么？除了历届学生，还有他们的爸爸、妈妈、孩子、妻子或丈夫。前排穿旗袍的这位女士叫周慧，她在德国一所大学教书，专门从德国赶回来听我上"最后一课"。

我带去了许多"文物"——给他们读过的小说、我教他们时用过的教材、我的第一本备课本——里面有关于他们的记录，我读这些片段，他们都感慨万千。他们的确不再年轻了，可是年过五十的学生们，眼睛依然如当年清澈明亮。我经常说：几十年来，为什么我对教育一直这么痴迷？因为每堂课只要我在台上一站，面前就有一双双眼睛这么透亮、清澈地凝视着我，这就是我拥有的一片星辰大海。就像现在一样，你们就是我的星辰大海。

教他们的时候，我哪想过今天会被人称作"专家"？也没想过评特级、正高。只是随心所欲按照自己的兴趣去做，这一切便不期而遇。

这堂课上我给大家讲了一篇课文《一碗清汤荞麦面》，还讲了我们一起经历过的故事，这些故事就是我和我的学生共同缔造的传奇和编织的童话。我们不仅是这些童话、传奇的主人公，还是它们的创作者。

有一年，我要到西安学习三个月，学生们都舍不得我走，把我送到火车站，送到站台前，真是依依不舍。我没想到的是，火车开动了，刚启动时开得比较慢，他们便跟着火车跑，一边跑，一边流着泪喊"李老师再见"。火车越开越快，他们也越跑越快。当时和他们一起送我的徐老师，反应很快，马上拿出相机把他们追火车的画面抓拍了下来。就是这张照片，大家看，学生正跟着火车跑。

想一想，在这个星球上，还有哪一个职业能得到这样的厚爱？

引领成长

没有第二个职业了。从事这样的职业，怎么可能倦怠呢？对我来说就是，沉醉其中，享受幸福。

我年轻时给自己定了一个目标，这辈子搞教育，我就取两点：一个是职业幸福，一个是心灵自由。现在，这两点我都拥有了。

苏霍姆林斯基说："随着岁月的流逝，我愈加坚定了一个信念——对孩子的依恋之情，这是教育修养中起决定作用的一种品质。"这句话可以作为这张照片的注释。

这次的"最后一课"，学生们还联系了网络公司进行全程直播，只要扫二维码就可以进入我的课堂。于是，在世界各地的学生都可以听我的最后一节课。听着听着，他们打电话进来了，新加坡的，美国的……那一刻我真得感谢互联网，感谢现代科技，让我远在天边的学生一下子就近在咫尺了，而我的课堂一下子便延伸到整个世界！刚参加工作时，我做梦都没有想过，40年后退休时，学生能为我举办这样一个隆重的仪式！这也是一个美好的邂逅。

下课时，学生们给我送鲜花，向我表示感谢。他们又推进来一个大蛋糕，说："李老师，我们知道今天并不是您的生日，但是我们以此向您表达感恩！"于是，全场响起了《生日快乐》，我不是第一次听这首歌，但这是我感觉最好听的一次。不过令我最激动的歌声，还是全体起立，唱响我们30多年的班歌。

人们经常说教育是一首诗，是一部童话。说这话的时候，都知道这是比喻。可对我来讲，这并不是比喻，我的教育就是诗，就是童话。这不是"计划"出来的，而是我凭着兴趣爱好做出来的。对我来说，做教育只需沉迷兴趣，乐在其中，只管耕耘，不问收获。

马克斯·范梅南说："教育学就是迷恋他人成长的学问。"我是1982年1月11日从大学毕业走向学校，开始迷恋学生的成长的。

当时，我不会想到40年之后，来到青岛给在座各位老师讲我的故事。大家看，这是我年轻时候的照片，一个初出茅庐的小伙子。这是我现在的照片，他成了中国教育三十人论坛的成员，被人称为"专家"。这两个"我"的中间隔着40年，这40年的光阴我有近90本著作来代表，因为这每本书里的每一个字都写满了我的兴趣、我的青春、我的投入、我的成功，以及伤痕累累的教训……正是这些，让我不知不觉走到了今天，令当年的"我"吃惊。

每个人的内心深处，都潜藏着一个卓越的自己。因此，所谓"成长"，就是用一生的时间去邂逅那个让自己吃惊的"我"。

谢谢大家！

2023年7月2日

让我怎样感谢你？

一

2022年8月1日，李镇西博士工作站第三期"蓄谋已久"的暑期天台山聚会，终于成行。

自从2016年1月6日我组建李镇西博士工作站开始，两年一期，迄今已经做了四期。2019年8月开始的第三期本来2021年8月就应该结束，但老师们借口"疫情耽误了学习"而"耍赖皮"，集体强烈要求"留级"一年。我奈何不了他们，只好答应。所以这一期持续了三年。

按惯例，每一期结束时，都有一次聚会活动。一般都是暑假时到郊外一个避暑的地方住个一两天。以往我们常去的是青城山，这次大家约定去郊外的天台山。

当天早晨，白薇开车来接我，车里已经坐着王兮、涵宇和欣怡，我们一路愉快地聊天，不知不觉中抵达了天台山大酒店。三期的各位小伙伴也到了。

走进大厅，李雅蕾等几位在给大家发T恤衫。我仔细看,居然是统一设计和制作的李镇西博士工作站的"班服"。左前胸上印着班徽:像一本翻开的书,又像一只飞翔的鸟,还像一团燃烧的火,"火"的上面,还有散点状的星星。

已经穿上班服的李雅蕾给我解释说:"聚是一团火,散作满天星。"然后她又转过身,让我看背面,上面印着八个大字:"童心永恒,青春万岁"。

这显然不是临时制作的,从谋划到设计再到完成,他们都一直瞒着我。是想给我惊喜吗?

午休后,我正想在群里问下午有什么安排,突然看到微信上一条袁志雷的留言:"李老师,我下午想和您一起去飞无人机,几点出发?"我问:"下午有什么安排?"他回复:"自由活动。"

我略有些意外:第一,大老远跑来,结果让"自由活动";第二,什么时候袁志雷对无人机感兴趣了,居然主动要和我一起去飞。稍微想了想,觉得很正常:大家想休整休整,明天再正式开始爬山活动。袁志雷也许真的对无人机感兴趣了呢!

但我还是在群里问了一声:"我醒了,你们在哪里?"结果王兮回答:"我们还在睡,下午自由活动。"李雅蕾回复:"我们还在睡。"于是,整整一个下午,我和志雷徜徉于天台山的飞瀑流泉之间。

五点过,王兮在群里问:"李老师,我们醒了,您在哪里?"我发了一条我拍的瀑布小视频给她们看。胡欣怡说:"哎呀,睡得好香啊!"我略有批评之意地在群里说:"难道你们是来天台山睡午觉的吗?"王兮回复:"哎呀,好后悔呀!"接下来,大家都回复:"哎呀,好后悔呀!"

看着群里仪仗队一般整整齐齐的"哎呀,好后悔呀!"的回复,我感觉不正常——他们肯定没有睡午觉,而是背着我在"搞事

引领成长　103

情"。但究竟在"搞"什么事情呢？

至少有一点我很放心：他们绝不可能对我谋财害命，至少我的生命是安全的。于是，继续与袁志雷游山玩水。

二

晚上六点过，他们催我下去吃饭了。

我从房间走到一楼大厅，李雅蕾等人站在大厅里，突然齐声大喊："李老师……"刚喊个开头，总台服务人员干涉道："抱歉，请不要高声喧哗。"

于是，他们把满腔热情硬生生咽了下去，领着我朝外面吃饭的地方走去。

当我们来到酒店外的一块空地上，我惊呆了：这里张灯结彩，俨然是一个节日庆典场地。正面墙上是一块大幅蓝色幕布，上面写着八个字："童心永恒，青春万岁"。四周悬挂着鲜艳的彩色气球，横幅上写着："李老师，我们爱你！"突然，他们对着我大喊："李老师，我们爱你！"哦，原来这就是刚才他们没喊出来的话。我很感动地说："谢谢，谢谢！"

他们又把我领到另一条字幅前，再一次大声喊道："李老师，做您的学生，我们想留级一辈子！"我也大声地说："没问题！"他们开心地笑了。

每一个人都在我面前用各种表情、各种手势、各种造型说："李老师，我爱你！"包括几位小伙子，也学女生在我面前卖萌。

看着这场面，我恍然大悟，原来他们整整一下午，都在背着我"搞事情"，为我精心布置这样一个会场。一块本来很空旷的院坝，在他们的张罗下，变成了现在的喜庆场所。为了不让我知道，他们还特意安排袁志雷把我"拖"住，去游山玩水，还在群里放"烟雾弹"，说什么"睡得好香啊""哎呀，好后悔呀"……

一切都是精心设计，包括精心地瞒着我，"骗"我，就是为了这一刻让我惊讶。好可爱的年轻人啊！

接下来开始晚餐，是当地有名的"柴火鸡"。我不喝酒，用矿泉水和他们互相祝福。

我知道说了也没用，但还是忍不住说："今晚这顿饭我买单，好吗？给我一个机会。"他们拿出一瓶白酒，说："李老师，如果你把这瓶白酒喝光，我们就同意你买单。"我望酒生畏，只好作罢。

大家一再说，还想跟着我学习，不想"毕业"。我说："以后有重要的讲座，我一定通知你们来听！"他们都很开心，然后约定以后每年暑假都搞一次聚会活动，而且说明年一起去新疆，我说："好！"他们怕我反悔，拿出手机，要我重新说一遍，然后录音。赵涵宇说："李老师，我们2023年暑假，一起去新疆。"我大声说："一定去！"他们欢呼起来，然后说："好了，有录音为准，李老师不许赖账。"

前几天去凉山，因为我走得快，把他们远远地甩在后面，他们说我在"卷"，并给我取了个外号，叫"卷王"。所以今天大家说："我们跟着李老师，明年卷新疆，以后卷遍全国！"

三

吃完饭，他们设计的晚会开始了。周围站满了观看的人，他们都是酒店的客人，也是来天台山旅游的，今晚，被我们的热闹场面吸引了。

晚会由李杰和赵涵宇主持,说今天晚会的主题是"感恩"。

我首先被请上台致辞。我说:"我早就盼着你们让我说了。因为我一直憋着,有太多的话要对你们说。完全没有想到,你们一直背着我策划并准备今天的活动。看这周围的一切,今天下午你们多辛苦啊!就是为了给我惊喜,谢谢你们!虽然你们说是跟着我学习,一再说感谢我,但其实你们给我的太多太多。现在有很多话要说,但想来想去,我想到一首诗,最能表达我此刻的心情,那就是已故著名诗人汪国真的《感谢》。这首诗我以前就读过,但只有今天,我才真切地感受到这首诗的内涵,甚至可以说,这首诗就是汪国真为我此时此刻的心情所写。他就是我的秘书。"大家笑了起来。

"我是临时想起这首诗的,我给大家读一读。来不及查百度了,读错了请大家原谅。不,就以我读错的为准。"我说。大家又笑了。

我开始朗读——

让我怎样感谢你
当我走向你的时候
我原想收获一缕春风
你却给了我整个春天
让我怎样感谢你
当我走向你的时候
我原想捧起一簇浪花
你却给了我整个海洋
让我怎样感谢你
当我走向你的时候

我原想撷取一枚红叶
你却给了我整个枫林
让我怎样感谢你
当我走向你的时候
我原想亲吻一朵雪花
你却给了我银色的世界

可以说，这首诗的每一个字都表达了我的心声。

掌声之后，所有老师上台，对着我唱起了《听我说谢谢你》。第一次听这首歌，就是去年教师节那一天晚上，他们为我深情而唱的。当时我就觉得这首歌太好听了。今天，再次响起这首歌，依然是他们为我而唱。我无法用言语表达我的感动。

让我没想到的是，唱完这首歌，我还举着手机继续给他们摄像时，大家一拥而上，把我抬起来了！我开玩笑说："你们对我'施暴'啊！"大家哈哈大笑。

接下来，是大家精心准备的节目。我说"精心"，是因为我所看到的每一个节目，都不是即兴演出，而是经过排演的，比如袁媛吹奏的陶笛，陈厚喜的独唱《忘情水》，赵涵宇的独唱《小幸运》，还有李雅蕾的舞蹈《这世界那么多人》，李杰的《一人转》，以及罗艳领头走模特步，等等，都那么认真，那么精彩。

他们唱的每一首歌，都不是原创，但好多歌词却好像是为我们而写，或者说，至少表达了我们共同的心情。

比如李雅蕾以优雅的舞姿演绎着《这世界那么多人》时，歌曲在我们耳边缓缓流淌："这世界有那么多人，多幸运，我有个我们……"是呀，三年前，我和他们，他们之间，都素不相识，仅仅因为都爱好学习，都不愿意让自己平庸，我们偶然又必然地走到了一起。于是，"我"有了"我们"。时光飞转，1000多个日子已逝，"笑声中浮过，几张旧模样，留在梦田里，永远不散场……"可以想象，可以预见，我们将彼此惦记着对方，彼此成为永远温馨的记忆："世界那么多人，可是它不声不响，这世界有那么个人，活在我飞扬的青春，在泪水里浸湿过的长吻，常让我想啊想出神……"

杨璐、王兮、陈罗、卢玥、胡欣怡、张茂和马文琴朗诵了一首题为《初心》的诗，也很感人。这首诗的结尾几句是——

> 初心是一粒种子
> 守住初心
> 它会慢慢长大
> 长成参天大树
> 初心是一盏灯
> 守住初心
> 它会指引你黑暗中前行的道路
> 在这里，在这三年工作站的时光里
> 我们明白了——
> 所谓初心，就是所有的愿望、誓言和梦想
> 是那颗鲜活跳动的心
> 是庸常岁月的光辉
> 是平凡生活的高贵
> 不忘初心，我们是教育的追梦人

听着听着，感觉她们不是在朗诵诗，而是心泉在自然而然地流

淌。三年的时光,我越来越感觉到,她们就是一群不忘初心的追梦人。

一向活泼可爱的袁媛,给大家主持了两个游戏节目:《一圈到底》和《踩气球》。我们分成两组,大家在嘻嘻哈哈、叽叽喳喳的气氛中,笨拙的体型不得不钻着呼啦圈,不再灵巧的双腿不得不追逐着气球……一时间,我们回到了童年。

原以为今天来天台山就是暑假相约的一次聚会,想到了轻松,想到了开心,却没想到如此精心,更没想到我会如此感动。这也许就是第三期年轻人刻意送给我的惊喜吧。

每一个节目都会激起热烈的掌声,连围观的局外人也情不自禁拍起了巴掌。

主持人涵宇问:"还有谁没有表演节目啊?"大家一起说:"李老师!""好,那我们请我们最敬爱、最亲爱、最可爱的李老师为我们表演一个节目!"李杰说。虽然毫无准备,但没有理由拒绝。于是,我即兴给大家唱了一首老歌《在那桃花盛开的地方》——

> 在那桃花盛开的地方
> 有我可爱的故乡
> 桃树倒映在明净的水面
> 桃林环抱着秀丽的村庄
> 啊!故乡!生我养我的地方
> 无论我在哪里放哨站岗
> 总是把你深情地向往……

在唱的过程中,我还装模作样地和每一位老师握手,俨然是一名大歌星降临天台山。

四

主持人请王兮发言。王兮既是工作站第一期的学员,又是后来每一期的班主任。

王兮站起来走到中间,先问了大家三个问题:"第一,你们为什么要加入工作站?第二,你们在工作站收获了什么?第三,毕业以后,你们还想从工作站得到什么?"

然后她谈了自己的经历:"遇到李老师之前,我觉得读了那么多书,为啥还过不好这一生。认识李老师之后才知道,书读得太少,所以过不好。到工作站之后才更加明白了,一个人如果没有那么多故事怎么可能过好这一生。所以,我终于明白,答案就是要建立自己的成长型思维,用李氏语录翻译一下,就是永葆童心,用一生追寻让人吃惊的自己。"

她说,工作站每一个老师都是榜样:"榜样就在我们身边。榜样当然是李老师,更是你们。是地铁上看书的卢月,是再忙也要看看书才心安的雅蕾,是每次活动都认真记录笔记的袁媛,是背包客袁志雷,是翻越千山万水赶来学习的厚喜和涵宇。我最近读的东西更多了,不仅要读'镇西茶馆',还要读罗艳的'小鲈鱼说',张茂的'百草园',杰哥的'咖啡馆'……"

最后她说:"同学们,你们用努力践行当初李老师的预言,那就是自己培养自己。这就是你们的毕业答卷。祝福你们!现在你们毕业了,但你们还想从工作站得到什么呢?这个问题的答案是什么?请听我们的歌声。"

接着，第三期工作站的所有老师都站到了中间，排好队，开始演唱。他们深情地唱着："曾经孤独地兜兜转转，只为寻找心中的梦……"说实话，我没太听清楚歌词，但我知道这是一首歌颂老师的歌，我首先是被旋律打动了。他们唱的时候，都看着我，面带微笑，歌声就从他们的嘴里流了出来。

唱完以后，我情不自禁地鼓掌。涵宇问我："李老师，我们唱得好不好听？"我说："太好听了！"她又问："你听过这首歌没有？"我说："没有。"于是，她向我解释这首歌的来历："这是我们专门为您创作的一首歌。是王兮作词，王兮的朋友作曲。"

我大吃一惊，继而感到无比温馨。大家也纷纷对我说："我们一直瞒着您，就想给您一个惊喜。"原来，真正的惊喜在这里。

他们说，早在半年前的春节期间，他们就开始谋划今天这个活动，当时就决定为我写一首歌，还设计了班服。王兮写好歌词《答案》后，请她原来工作的双楠实验学校教音乐的林钟老师谱曲，然后他们便开始练歌。到了7月3日那天，他们集中在成都一个专业的录音棚，开始一遍遍演唱录制这首歌，最后做成了精美的MV。

天已经完全黑了，篝火燃起了，熊熊的火焰欢腾地跳跃着。

五

这时候，王兮、涵宇等人推着一个大大的蛋糕缓缓向我走来，周围跟着所有老师，他们一边慢慢地走，一边和着大屏幕上的《答案》的MV再次唱起了这首歌。

这时候我才看清了每一句歌词——

曾经孤独地兜兜转转

只为寻找心中的梦

曾在黑暗中徘徊不前

只为寻找远方的那片天

直到听说了你的名字

直到触摸了你的容颜

你用爱描绘了斑斓的梦

你用心灵书写了美丽的诗篇

于是时光里岁月中

每一次相聚

记忆洒满我们灿烂的笑容

于是时光里岁月中

每一次等待我才发现

心灵早已化作思想的帆

原来你就是答案

原来我们是答案

随着优美的旋律，插着蜡烛的蛋糕推到了我面前，大大的蛋糕上写着八个大字："童心永恒，青春万岁"。上面还摆放着我和第三期老师的名字。他们还在唱着歌，歌声中，我吹灭了蜡烛。那一刻，我热泪盈眶，说不出话。

大家从蛋糕上拿起自己的名字，其实是一小块巧克力，举着自己的名字挥舞手臂，随着旋律还在唱着——

于是时光里岁月中

> 每一次相聚
> 记忆洒满我们灿烂的笑容
> 于是时光里岁月中
> 每一次等待我才发现
> 心灵早已化作思想的帆
> ……

我看到许多老师也泪流满面。

他们再次一起对我说:"李老师,我们爱你!"然后纷纷伸出比心的手指对着我,嘴里发出"biubiubiubiu……"的声音,他们笑着说这是"爱心发射"。

旋律久久回荡,他们一直在吟唱:"曾经孤独地兜兜转转,只为寻找心中的梦……原来你就是答案,原来我们是答案……"

涵宇、王兮和李雅蕾等人对我说着创作这首歌的具体过程和一些细节:他们怎么想到要给我一个特殊的礼物,怎么背着我建了一个名叫"搞事情"的群随时商量"搞事情",怎么做好保密工作不让我知道,怎么在录音棚一遍一遍地演唱……

李雅蕾说:"前几天,我在大凉山徒步的路上,还忍不住哼这首歌,又怕您听到,但转念一想,反正您也不知道我唱的什么歌。"卢玥说:"最近我早晨锻炼,都一边跑步一边戴着耳机唱这首歌。"他们都说:"憋了半年,今天终于唱给李老师听了!"

可以看出,成功保密半年,今天终于给了我一个巨大的惊喜,是他们今晚最得意的成功。他们的脸上荡漾着孩子般纯真的笑容,就像小孩子背着大人做了一件好事,神秘而又得意。

我和他们每一个人拥抱,都拥抱完了,李雅蕾说:"我们一起抱一抱李老师，好不好？"所有人一拥而上，把我团团抱住……

篝火还在燃烧，大家围着一起跳，一起唱，直到篝火燃尽。

狂欢结束后，我们来到山坡看萤火虫。这是天台山特有的风景。黑暗中，萤光在飘忽中闪烁，一颗又一颗，一簇又一簇，一片又一片……有一只萤火虫，居然飞到了涵宇的身上，停在了她的衣服上。

六

已经十一点过了，大家意犹未尽，依然很兴奋。罗艳提议大家就三年来的收获随便聊聊。于是，我们在酒店外围着一张桌子，聊了起来。

袁媛说："我们的相遇是偶然更是必然，感谢李老师作为我的精神支柱，感谢小伙伴们的肯定和鼓励，我在这'兵荒马乱'的三年里没有走偏。因为一直激励我的是这三句话：'幸福比优秀更重要，成长比成功更可贵''我们和他们不一样''让人们因我的存在而感到幸福'。我会以极大的勇气和信心在教育之路上坚持走下去。"

胡欣怡说："最触动我的是，李老师在很长一段时间里没有任何职称和荣誉，却依然爱着教育。我以前在乎的，现在没有那么在乎；以前不在乎的，现在越来越在乎。当我不把孩子的成绩作为最在乎的事情，而是最在乎孩子本身，就感受到了职业的幸福。去爱你的学生吧，你不需要说服自己。"

袁白薇说："让别人因为我的存在而感到幸福，我把这作为自己的目标，希望身边的人感觉到轻松愉快。发现那个让我吃惊的自己,尝试自己没有尝试过的事情。李老师的坚持也激励着我:坚持减肥、坚持阅读、坚持写作……"

赵涵宇说:"李老师带给我的更多是一种精神上的力量。教过半年的学生,高考完得知分数的那一天,给我送了西瓜和鲜花,我成为了整个办公室最拉仇恨的那个人。我经常给学生提建议,根据他们的特点确定将来发展的专业,而不是死磕职高学生最难考的计算机。在一次带队学生实践的过程中,为了学生的基本权益,我与侵犯学生权益的工厂老板谈判,最终为40多名学生维权成功。其实,我当时曾有一刻想退缩,但我知道如果我退缩了,当我老了一定会后悔的。所以,我坚定地维护我的学生,也因此收获了幸福。"

张茂说:"《教育的100种可能》这本书从根本上治愈了我对教育自己孩子的焦虑。李老师相当于在做一个实证研究,而很多名校、名师做的、在意的是他们考上了大学。高考结束了,也就结束了,却没有想过这个人能不能很好地工作,能不能很好地适应社会,能不能成为一个正直、善良、向上的人,这才是我们培育一个人的终极目标。"

杨璐说:"我印象最深刻的是李老师上的那节《春之怀古》,只有一支粉笔的课堂。因为我负责整理课堂实录,我反复将那节课听了十遍以上。我想到教育,我们到底要教给学生什么?这样朴实的课堂,抛开那些花架子,我们怎么样教学生做人。我们教的不是一个小学生、一个中学生,我们教的是一个人,学习力是持续一辈子的,我们一定要把他当成一个发展的人来教,回归到最朴实的教学方式上,才能真正让学生有所悟。"

卢玥说:"从教20年的我,最近换了一个新的环境。现在面对新的环境和关系，心里觉得特别踏实，丝毫不觉得害怕或担心，因为有李老师的引领，我用全部的爱，真诚地对待学生，从每个学生的个性出发，相信一定会越来越好的。谢谢李老师，我收获了良好的心态与信心。"

陈罗说："受《自己培养自己》的激励，我也在努力自己培养自己。作为乡村教师，从有限的资源中撷取我想要的东西比较困难，李老师的工作站为我提供了新的思维和视角，让我跳出了原有的视野，更是让我一直保持着信心，相信会成为更出色的自己。还有，李老师的职业信仰——'心灵自由'和'职业幸福'这八个字对我的触动特别大。我觉得很多时候我们迷茫是因为心灵被束缚了，被名利、上级的认可、评职称、人际关系等束缚住了。我现在追求的是我的心灵要自由，看待问题的态度因此改变了，解决问题的方式也因此改变了。现在和老师之间的交流非常融洽，能非常明显感到与老师、与学生之间的变化。总之，工作站带给了我勇气和底气。"

冯书娅说："一年前到了新环境，我有勇气去挑战自己，是在工作站的收获，让我更有底气，也更有能力面对困难。我得到了很多家长的认可，学生都愿意到我的班上来。我也学会了选择更适合学生的成长方式。我对今后更有信心，相信自己拥有处理各种情况的能力。"

王兮说："我真想无限留级，我觉得李老师对别人有一种无限的信任。他最常说的是：'很好！非常棒！'让我在工作中觉得自己很有底气。通过三期的相处，我真的感受到了教育的一百种可能。"

罗艳说："我加入工作站的申请书是以入党申请书的格式写的，

言简意赅地表达自己的决心。李老师其实很平凡,不管是以前教学生还是现在带我们,用的就是最简单的方法———一颗真诚的心,我愿意带着你们一起成长。这也影响了我们教育学生的理念。我们毕业的同学大部分都在成都,但我们真正坐下来聊教育的时间少得可怜,但李老师的工作站把我们从各个区、各个学校汇聚在一起。不仅是李老师,还有大家共同推动着我在成长。还有一个感受就是——我什么都不怕。李老师带领我们与大家平等对话,如程红兵、魏书生等,让我们看到了他们接地气的一面。现在我有底气与自己的偶像平等对话,是因为一次次与李老师、与各位大家的接触与对话,让我遇见了让我吃惊的自己。一个学生毕业多年后送我向日葵,他说:'罗老师,我记得你喜欢向日葵。'我觉得作为老师,这样真的就很满足了。李老师把一群求真务实的小伙伴聚拢到一起,建立了成长共同体,也把全国知名的教育人和学者请进来,开阔老师们的眼界。这个工作站对我们而言,最重要的是作为一种精神力量支撑着我们,推动着我们,向着朴素而真实的教育走去。"

袁志雷说:"最大的感触就是李老师说的'我们和他们不一样'。我感觉是李老师和他们不一样,最开始觉得他是专家,高高在上、被光环笼罩、遥不可及,但相处中我切身感受到李老师是真的很关怀身边的人。上一次去马边,李老师时刻挂念着生病的周俊老师,还特意赶到医院去看他。我现在看着调皮捣蛋的孩子,就会想到李老师,就会收住发火的冲动。"

刘明全说:"在工作站,我学会了大气,不为小事羁绊自己的追求,内心足够强大。睿智,在处理问题时走出了自己的路,是有教育智慧在里面的。踏实,因为睿智所以踏实。"

李杰说:"印象最深的是李老师的教育情怀,因为我不是语文老师,所以我看的都是李老师关于班级管理方面的书。我从李老师身上学到了很多教育情怀,我刚好在现在这个班级写了100期公号文章,我愿意用文字、照片、视频去将这份情怀记录下来。我遇见了让我吃惊的自己,我没想到不知不觉为他们写了100篇文章。跟着李老师学习后,见多识广,我对教育的理解不一样了,格局更大了。我依然保持着仪式感和旺盛的学习欲。我的梦想是像李老师一样写一两本书。我希望自己能兼顾班级管理和数学专业教学。"

李雅蕾说:"其实,就我的经历而言,我对李老师所说的'自己培养自己',不是很认同,因为对于民办学校来说,难度真的很大。向李老师直接学习,真的会让我们少走很多弯路,因为不是每个老师读的第一本书就是李老师的书。在李老师这里学习到的,我都会带回我的学校,带给我的老师。李老师怎样带我们的?其实就是用真心。我现在对我学校的老师也是这样,想让他们觉得工作环境是舒适的,我是尊重他们的,帮助他们获得家长的认同、学生的喜爱,包容他们的缺点。我现在是校长,对新教师更加包容,我的目标就是不做自己年轻时讨厌过的那样的领导。"

你一言我一语,就这么随性而聊。大家都认为,我们这个工作站和一般工作室最大的区别在于:第一,李镇西博士工作站很自由,没有任何阅读和写作的强行要求,也没有必须实现的"目标""成果",而拥有一种宽松的氛围。但正是这种氛围,使大家有了内在的压力和动力,互相推着向前向上。第二,李镇西博士工作站有浓烈的人情味,有温馨的情感,而不只是学知识、学理论。因此,李镇西博士工作站成为大家心中真正的家园,大家彼此思念和依恋,有一种强大的凝聚力。

七

不知不觉，时间已经到了凌晨一点，大家还意犹未尽。我不得不让大家打住。

我说："非常感谢大家对我的爱！但你们把我想得太完美啦！其实，我这个人有很多缺点。比如前几天我还对一个小姑娘发火，很没风度。同样的情况，杨东平老师就会很有修养。还有那年去南极，我想偷偷地捡一块石头回来，同行的程红兵就不愿做，跟他的自律精神和能力相比，我差得太远，深感惭愧。所以，李老师远不是你们想象的那么高尚。依然需要学习，包括向你们学习！"

我又说："我常常在想，你们当初进来的时候，没有任何考核，可以说没有门槛，是你们自己录取的自己，但为什么个个都那么优秀？我说你们'优秀'，不是说你们在业务上已经多么出类拔萃，而是说你们一直保持着旺盛的求知欲和向上的精神状态，与相当多的甘于平庸、整天抱怨的老师比，你们虽然平凡，虽然是默默无闻的一线老师，但你们超越了世俗而追求自身的卓越，这就是优秀！另外，我其实给你们的很有限，但从刚才大家的聊天中，我感到了自己存在的价值，就是通过工作站，建立了一个成长共同体，让你们互相感染，互相启发，互相激励，共同成长！"

我还说："你们说希望留级，一直在工作站学习。说实话，工作站的人多了，我确实不好开展活动。第一期我控制在20人以内，第二期突破了20人，第三期和第四期都突破了30人，每次搞活动很不方便。但是，我答应你们，这里我再重复一遍，以后凡是重要的活动，包括讲座，我一定通知你们参加！"

大家听后高兴地鼓掌。

"你们知道,每次招募工作站学员,报名的老师都很多,有全国各地的老师报名。但我不可能多收,因为要考虑学习方便。大家知道,我纯粹是尽义务,当然帮助大家成长我是很乐意的,但我又不是做生意,又不想赚钱,收那么多人干什么?没必要建'全国连锁店',每期就20多个人就可以了。只要你们每一个人一天天优秀起来,我就满足了。我会一直注视你们的成长!"

第二天,我们说说笑笑一起走在天台山的山路上,欣赏着飞瀑流泉。在一个绿树掩映的山谷里,我们手牵着手组成一个心形图案。在"心"的中间,是一个鲜红的"爱"字。

从天台山回来了,可我们的群里依然很热闹。大家晒着那天晚上的照片和视频。昨晚,王兮在群里说:"看着看着眼泪就来了。"李雅蕾说:"夜深人静的时候,不能看这些,鼻子发酸。"雅蕾和涵宇聊着聊着,就在群里唱了起来:"直到听说了你的名字,直到触摸了你的容颜……""你用爱描绘了斑斓的梦,你用心灵书写了美丽的诗篇……"

几天来,这首歌的旋律也一直萦绕在我的耳畔,无论白天还是夜晚,挥之不去。

回首从教40年,我拥有了两首专属于我的歌。一首是刚参加工作不久,风华正茂的我,得到了著名作曲家谷建芬老师为我谱曲的班歌《唱着歌儿向未来》,我受到了莫大的鼓励。另一首就是在我退休几年后,得到了我工作站的老师为我创作的这首《答案》。两首歌都是班歌,这两首班歌将我的教育编织成了一个美丽而浪漫的童话,也将我的青春延续到现在。

这种待遇,如此幸福,谁能拥有?

我!

感谢教育，感谢学生，感谢一切爱我的人——
"我原想收获一缕春风，你却给了我整个春天"！

2022 年 8 月 4 日

附录：

千言万语尽在《答案》
——班歌诞生记

王 兮

不知是从何时起，三期学员的毕业一下子就提上了日程。想来也确实临近了，从 2019 年 9 月开始到 2023 年年初，由于疫情的原因一拖再拖，但终归是要分别的。

今年寒假，我们工作站在眉山搞过一次活动。眉山之行前，班长李雅蕾便和我商量如何举行一个隆重的让人难忘的毕业典礼，她约着我们几个参观完三苏祠后留下来商量，我欣然同意。于是当天下午，在她的张罗下，李杰、陈厚喜、袁媛、陈秋月、张茂和我，与大部队告别后便留在三苏祠里品茶。

茶室古朴雅致，一条长长的木桌上摆放着功夫茶盏。大家一边喝茶，一边商量毕业事宜。茶香氤氲，谈笑风生，大家你一言我一语地出谋划策。李雅蕾说："李老师的未来班的班歌多好，还邀请谷建芬老师作曲，成就了一段传奇，我们是不是也写个属于我们的独一无二的班歌？"大家纷纷点头称是。于是，几个人迅速商定要写班歌、做班服、制作毕业册、举行毕业典礼。班长李雅蕾快人快语，做事也是干练利落，她希望这次三期的毕业仪式要搞得异常隆重，隆重得让李老师和同学们难以忘怀。

班长和大伙如此"热情高涨"，作为工作站第一期学员，后来又担任历届工作站班主任的我怎好拂他们的意，当即应允全力配合并绝对向李老师保密。大家开始一一安排落实各项事宜。

首先便说到了班歌的制作，既然是班歌，自然要体现咱们博士工作站的特点，凸显李老师对同学们的教诲以及我们对李老师的爱。大家七嘴八舌，纷纷表达自己在博士工作站的感悟和收获。我提醒大家，每个人都说得很好，但是这样天马行空说下去内容散乱，缺乏主题，难以下笔。经我这么一说，大家便陷入了沉思，思考主题定什么才妥帖。此时，同行的李杰老师有点坐不住了，不停地看手机，我知道他晚上八点有个家长座谈会，早在喝茶之前我就答应他一定按时从眉山返程，让他准时回蓉开会。然而，大家谈兴正浓哪里顾得上李杰，开玩笑地对李杰说："你可以走，王老师得留下。"李杰一个劲儿给我递眼色，我心领神会，想着不能因为我的缘故耽误了李杰的正事，便豪气万丈地一挥手，拍着胸脯说："班歌的事情大家放心地交给我！我来写歌词，歌曲我来想办法。"话音一落，大家便鼓掌喝彩："有王老师出马我们放心。"

接着，大家又进入下一个话题，经过讨论，大家对班服的设计元素达成共识，衣服标志要体现"聚是一团火，散作满天星"的理念，工作站就是老师们的加油站，一群天南地北的同路人、同行者在这里相聚，毕业后老师们带着在这里的收获，带着教育的热忱回到各自的工作岗位上，传递美好与温暖。"聚是一团火，散作满天星"正体现了工作站的意义和价值，一定要把这句话用符号语言呈现在服装上。又聊了一会儿，店员便来催促，告知六点茶室关门。此时，我们已基本敲定了毕业活动的几个事项，高效完成了第一次"密谋"。

第二天一大早，李雅蕾的电话便打来了，告知我她建了个群，请我帮忙拉人。她取的群名很是应景——"搞事情"，可不是"欺上瞒下"地"搞事情"吗？我迅速行动，老师们一一被我"拖"下水，当然李老师除外。就这样，一个没有李镇西博士的博士工作站"搞事情"群就正式"挂牌营业"了！

随后，李雅蕾在群里发布了一则通知：

三期"搞事情"方案：
一、班歌（负责人王兮，28号发给李雅蕾）
二、毕业证（负责人李雅蕾）
三、班徽（负责人张茂，28号发给李雅蕾）
四、纪念册
材料收集：
王兮：李老师各年龄段照片（28号发给李雅蕾）。
陈罗：三期每次活动大合影和各种活动照片（28号发给李雅蕾）。
陈厚喜：24号前收集每位同学入职前和现在的照片2张（26号发给李雅蕾）。
袁媛：24号前收集"我与李老师的故事"300~500字，每人一篇（26号发给张茂老师）。
陈秋月：24号前收集"我想对同伴说的话"100字，每人写三个同伴（26号发给张茂老师）。

审核小组：张茂、罗艳（我与李老师的故事），卢玥、康丽娟（我想对同伴说的话），茜媛（引言）（28号发给李雅蕾）。

五、班服

尺寸统计：刘明全（28号前发给李雅蕾）。

设计制作：李雅蕾。

【备注】

照片：原图。

文稿：字号小四、行距1.5倍。

请大家按照方案中的时间节点完成哦！

班歌后面"负责人王兮"五个字赫然在目，这下子我是白纸写黑字——赖不掉了。好吧，凭着自己写过好几首班歌的过往经历以及年轻时喜欢读诗写诗的经验，我觉得自己应承此事不算头脑发热，大体能够胜任这个光荣而艰巨的任务。

班歌应该以什么为主题呢？我暗自琢磨，不太希望这首歌写得像古代文人般矫揉造作、感时伤逝，也不希望它过于轻松活泼、节奏明快，放之四海而皆可用。李镇西博士工作站的班歌就要有其独特的风格，呈现李老师对同学们的引领，还要凸显老师们之间的情谊，既要彰显主题又要朗朗上口。最好的写作是从心出发，是真情流露。于是乎，我回忆起与李老师之间的故事，种种过往像显影的液体浮浮荡荡，晃漾而出，一一在眼前浮现。

那年，我经历着教育生涯的瓶颈期，内心的那份迷茫、惶惑、挣扎仍记忆犹新。2012年9月18日，就在那一天，我遇见了李镇西老师，一场讲座仿佛黑暗中的灯照亮了我，他描绘的"那条路"犹如童话般美好，深深地吸引着我。我开始跟随他的脚步在教室里耕耘，开启我教师生涯不平凡的一段旅程。接着，便是加入李镇西博士工作站，每月一次的聚会，他总是煞费苦心邀请全国知名的专家到工作站作讲座，带着我们去参观"特殊"的学校，这些经历拓宽了我们的眼界，让我们看到了更加丰富多彩的教育样态。

我相信，这不是我一个人的故事，不是我一个人的遭遇，很多老师都和我一样，也经历过这样的困顿与思索，直到遇到李镇西老师。他用他的故事、他的经历给同学们答疑解惑。他用"四个不停"——不停地实践，不停地思考，不停地阅读，不停地写作，引领着我们成长。每一届工作站开班前，李老师都会给大家准备好一份书单，每一次活动他也总是给大家赠送书籍。他似乎从没有强调什么要求，可是改变总是在不知不觉中发生。每月尽管只有一次活动，但每一次活动大家都收获满满，充满了欢声笑语。每一次活动结束后，等待下一次活动的时间里，老师们便会如饥似渴地捧起书来，如他一般阅读、写作、思考，期待着下一次与工作站的伙伴们分享心得与收获。在他的引领下，工作站涌现出许多爱阅读、爱写作、勇于创新实践、勇于行动反思的老师们，罗艳、张茂、李杰等几位老师在李老师的影响下开设了个人公众号记录自己的教育故事。我们在工作站收获了对教育求真向善的坚定信仰，而最终我们发现，我们就是在"自己培养自己"，就是用一生在追求那个令人吃惊的自己呀！他就是我们追寻的答案，而现在我们亦是答案！

想到这里，灵感如涓涓细流在我的脑海中涌现，很快我便在键盘上敲下了《答案》这首歌。为了让歌词朗朗上口，我刻意留心了韵脚的使用，用 an 韵贯穿上下两部分。歌词结尾处我写道"原来你就是答案""原来我们是答案"，这算是这首歌的高潮部分，也是最精彩动人的部分吧。

我把歌词发到群里，大家都觉得不错。为了精益求精，我把这首歌搁置了几天，又试着用曲调套用，看看有没有拗口、不适合演唱的地方。经过一番调整，我对几处歌词略作了改动，比如，把"你用心灵擦亮了美丽的天"改为"你用心灵书写了美丽的诗篇"，暗喻李老师的《心灵写诗》一书；把"心灵早已化作驶向你的帆"改为"心灵早已化作思想的帆"，后者不仅意味着思念，更意味着自我的升华，更具有深意。

歌词定稿后我发给了一位同事，他叫林钟，一位非常有才华的音乐老师，他是我的老搭档，以前一起搭过班，还一起合作创作过班歌。林老师很忙，但接到我的信息后毫不犹豫地应允帮我作曲。很快，他用钢琴演奏了一个小样发给我，我一听，立刻就被这优美抒情的旋律打动了，一遍一遍地哼唱起来。所有历历在目的往事、绵长深厚的情感都能随着这首歌的演唱定格成一帧帧画面。

群里的老师们听到小样后也赞不绝口。赵涵宇老师留言："真好听！"过了一会儿，她又在群里询问："这首歌叫什么？为什么我没有搜到呢？"班长一下子就嘚瑟起来，立马回复："那当然，这可是原创！独一无二！"

此刻，我算是如释重负，圆满完成了大家的嘱托，看似信手拈来，实则是沉淀了太多美好需要抒发，也许只有歌曲这样的形式才能贴近人的肺腑之言吧。

　　后来，在雅蕾的组织下，我们各自练习演唱。7月3日那天来到录音棚，精心录制了这首《答案》。看着MV上我们真情演绎这首歌的情景，我们一下觉得自己也成了明星。

　　最让我们得意的是，我们的保密工作做得相当成功。直到前天晚上，在天台山的毕业典礼上我们首次公开演唱，李老师才第一次听到这首我们历时半年为他而创作的歌。

　　看到他惊讶和感动的表情，看到他眼里含着的泪花，我们开心极了！

　　一首歌连接了如烟往事，一首歌饱含了深情厚谊，一首歌承载了我们对李老师无尽的感恩，千言万语尽在一曲《答案》中……

2022年8月4日

要改变世界应该先改变自己

今天,我带着李镇西博士工作站第四期的成员来到了位于川陕交界处大山里的范家小学,这是我们第四期为期两年学习的最后一次活动。

我们参观了这所被誉为"中国最具北欧教育理念"的小学,听了校长张平原为我们介绍学校的教育创新和孩子们自由而快乐的幸福生活,当然还有他们突出的教学成绩。特别让我们惊叹的是,这所学校很多年来没有一个学生是近视眼,包括现在,一个都没有。

所有学员发自内心地为张平原校长长时间热烈鼓掌,表达敬意。

最后留了一个小时,我们工作站第四期学员举行简朴而富有感情的结业仪式。

我首先向 32 位学员颁发了我写的"证书"——

亲爱的 ××:

两年的时光,我们一起走过。李镇西博士工作站已经将你我美丽的教育芳华留在了彼此的记忆中。

是离别，并非分手；是结束，没有解散。在未来的日子里，我们一如既往，携手前行！

李镇西
2023 年 6 月 10 日

每一位年轻人上来接过证书时，我们都真情拥抱，然后合影。下面掌声阵阵。

发完证书，我作最后的讲话——

刚才你们和我拥抱的时候，我感觉你们把青春传递给了我。谢谢你们！

时间过得真快啊！两年一晃而过，我还记得第一次点名时，我点"黄田"时，还开玩笑说叫她"黄田坝"（注：成都有一个地名叫"黄田坝"）。她很认真地说："没有坝。"（众笑）于是我又叫她"黄田没有坝"，但一想又不对，黄田怎么会没有爸呢？（众大笑）

还有，我们第一次活动是去哪儿啊？（大家说："马边。"）

是的，我还记得去马边时，正是教师节，那天晚上大家点上蜡烛为我唱《听我说谢谢你》，这是我第一次听到这首歌，太好听了。这好像就是不久前的事，可时间已经过去两年。

大家都说不愿意离开我，想继续学习，我非常理解大家的心情，我也舍不得离开大家。但工作站总要进新人啊！就像你们带班，一个班毕业了，总还要迎接新生。

大家应该还记得，我多次说过："我没想过改变世界，只希望这个世界不要改变我。"听过吗？（大家都说："听过。"）

我不小心改变了一些人，这的确是我没想到的，但这是客观事实。比如刚才张平原校长说我改变了他，他说年轻时读我的《爱心与教育》，还抄我的书，抄到半夜，让他明确了该怎样当老师。实话实说，张平原今天能够因乡村教育改革而成为全国著名校长，和我没有关系，但20多年前我的书坚定了他的教育信念，这是事实。我对一些老师最大的改变，是让他们改变了自己。

那么，我想问问大家，在工作站两年的学习，你们最大的改变是什么？

梁成丽说："我现在看到调皮孩子，感到的不是心烦，而是他很可爱。"

廖丽涛说："我最大的变化是胸襟更宽阔了。最近有家长举报我，说我师德有问题，要我道歉。我坚决不道歉，因为我是李镇西博士工作站的人，不可能有师德问题。但我没有抵触家长，而是耐心地和他沟通，而且依然对他的孩子好。我觉得这就是李老师对我的改变。"

王慧茹说："我也是心态的变化，我曾经有过教育失误，学校也处理了我，但我不会因此而失去对教育的热爱，也不会计较名利得失。"

谭诗语说："我最大的收获也是心态的变化，比过去平和了。"

何柳蓉说："李老师有一句话对我影响最大，就是'我们和他们不一样'。每次我遇到挫折，感到郁闷时，我就会想到李老师这句话。我告诉自己，我和他们不一样！"

李洁说："我最大的改变，就是对我的工作有了幸福的感觉。"

刘璐说："我的内心更坚韧了。"

廖萍说："我也是，我的教育信念更坚定了。"

何娟说："我最大的变化，是养成了阅读习惯。"

不少老师也纷纷说："是的，是的，我也是，比过去爱读书了。"

……

还有许多人把手高高举起,想说自己的变化,但时间不允许了,我只好说:"大家把自己的收获发到群里吧!"

我继续说——

李镇西博士工作站与一般的名师工作室最大的区别,就是它与任何名利无关!许多工作室都与评优选先、职称晋升挂钩,比如名师工作室成员可以加分,但我这个工作室丝毫不能给你们带来类似的"好处",学习本身就是它的全部。

因此,能够参加工作站的年轻老师,有一点非常可贵,那就是有一颗纯粹的教育心,以及发自内心的上进心。我曾问过大家:"你们是因为优秀才进工作站,还是进了工作站才优秀?"你们都说:"是因为进了工作站才优秀。"其实不是。你们是因为优秀才进工作站。我这里说的"优秀",不是指各种荣誉证书,而是指拥有纯粹的教育心和强烈的上进心。正因为你们拥有了这两点,才报名参加工作站。就像最近我收到的第五期工作站申请材料,每一位申请者都很优秀,因为他们都有纯粹的教育心和强烈的上进心。

另外,我们这个工作站还有一个非常突出而且可能是全国唯一的特点,就是非常自由。这也因为教育局对我的信任和支持。教育局只负责提供经费,其他一概不管我。没有"计划""总结""阶段性成果""目标考核",也不对我作任何"规范";我呢,也给你们以自由。你们看,迄今为止,我没有给你们布置过一次写作任务,从来不要求你们交什么总结之类的,也没有要求你们每天必须读多少书,类似于"打卡"之类的,一次都没有。多宽容,多自由!这在其他工作室是不可能的。我对你们也没有任何"目标"要求,什么这个班必须培养多少高级、正高级、特级教师之类,获得什么大奖,发表多少文章,等等。说实话,能够成为正高级、特级有许多因素，带有某些偶然性，我只希望你们永远热爱教育，永远热爱学生，获得职业本身的幸福，如果做到这样，你们哪怕一辈子都只是一个中级教师，哪怕永远都没被评为"名师"，你们都是我最优秀的学生，是我心目中最优秀的老师！因为幸福比优秀更重要。

刚才廖丽涛说的，王慧茹说的，还有其他老师说的，都让我感动。你们不完美，但因为纯粹，因为热爱，就是我们工作站最优秀的学员，是我最优秀的学生，我为你们自豪！

与其想着改变世界，不如想想怎么改变自己。这是我今天想着重跟大家说的。

其实，所谓"改变自己"就是"恢复自己"。每一个人来到这个世界之初，都怀着一颗晶莹的心，这颗心被称作"赤子之心"。随着年龄的增长，我们上学、读书、参加工作，慢慢地，我们的心蒙上了越来越厚的灰尘。比如，最早我们诚实，后来我们不那么诚实，甚至弄虚作假。我写过一篇文章《为什么小时候说假话心虚而长大后讲真话害怕？》，这当然有社会的原因，但这所谓"社会的原因"不就是社会在我们心灵上的蒙尘吗？不知从什么时候开始，我们"心为形役"，开始计较得失，追逐名利，最后失去了自己。

所以，我说的"改变自己"并不是要让自己成为一个新的自己，而是要恢复最初的纯净的自己——我们要恢复自己的本性、本心和本色！

所谓"本性"，就是"我是什么样的人"，"人之初，性本善"，那我的本性就是善良的，我是一个善良的人；所谓"本心"，就是"我想做什么"，那我要做自己想做的事；所谓"本色"，每一个人都有属于自己的与众不同的色彩，我和别人有不一样的地方，那我要做最好的自己。

我之所以能够走到今天,其实完全因为我始终忠实于自己的本性、本心和本色,因为我纯粹。

昨天我见到一位大学同学,大学时我俩就是好朋友。本来我俩性格差别很大,他内敛我外向,他稳健我活泼,他冷静我急躁,在旁人看来我俩很难成为特别好的朋友,但我俩因三观一致而成为莫逆之交。他曾说:"我俩三观一致,这里的三观还包括善良正直的品质。"昨天回忆起大学生活,他说:"那时候我们都觉得你很纯,特别单纯。在郫县实习,和学生分别时你还哭了。"

是的,大学时代,我在班里属于年龄小的几个之一,但不是最小的,可哪怕是比我还小的同学,也比我成熟。我在大家的眼里就是一个中学生,一个幼稚的小孩儿。

但我想说的是,当初的纯,是因为我的年龄相对比较小,我的心智发育相对比较滞后。而我后来一直都很纯,直到现在,这却不是因为年龄的自然现象,而是因为我刻意追求。当初的纯是一种心理特征,现在的纯则是一种品质特点。

当然,别人可能认为我的很纯其实是"很蠢"。几十年来,许多人都跟我说过,我的执拗和认真害了我,至少让我吃了许多亏,而他们所认为的"吃亏",无非就是我"该得的"却没有得到,比如"早就应该发展入党了""早就应该提拔进入管理层了""早就应该被评为全国劳模了"……但我坚持认为——直到现在依然认为,没有什么比职业本身的幸福能够给我更大的奖赏了!凡是职业以外的名利,都是微不足道的。而为了获得那些名利,我却极大可能失去我的本性、本心和本色。

其实,从世俗的观点看,我并没有多少荣誉,至少没有人们想象的或者说期待的那么多。我甚至不止一次为了守住自己的纯粹而拒绝某些"荣誉"。我年轻时,就对自己说:"这一辈子我只追求八个字——职业幸福,心灵自由。"得到了这两样,其他真的不算什么。而现在,我可以说,职业幸福和心灵自由我都获得了。

因为纯粹,一切都顺着我的热爱,每一步都遵循我的兴趣,所以几十年后的今天,我成了别人眼中的所谓"专家"。

越是坚守自己的本性、本心和本色,就越能让自己的人生幸福。

最近,我读了一本非常棒的书,强烈推荐大家读一读,这本书叫《为什么伟大不能被计划》。作者是美国的两位人工智能科学家。他们以自然、社会、科学、人文等领域的事例,充分证明,一切伟大的成果包括伟大的人生都不是计划出来的。比如,人类的进化,从来不是计划出来的,科学上的许多发明成果不是计划出来的,艺术史上各种流派的出现也不是计划出来的。可以说,所有伟大都是一系列"偶然"促成的。

哪有什么"有志者事竟成"?有的只有沉醉于自己的兴趣爱好,坚持不懈地做下去,不放过一个个"踏脚石",最后水到渠成地迎来意外的辉煌。

这就是我刚才跟大家说的,恢复自己的本性、本心与本色——守住发自内心的兴趣,咬住青山不放松,把热爱变成信念,最后必然成功。当然,说"必然成功"也不对,说明这本身也有功利心。我们要把后来的辉煌,视为职业馈赠给我们的额外奖赏,是人生给予我们意外的收获。即使这种奖赏和收获我们一直都没有,也不要紧,只要我们获得了职业本身的幸福,这就够了。

抛弃功利的"目标",但并不是抛弃我们的人生追求。这里有五个要点很重要:第一,浓厚的兴趣,这是我们人生的动力,一定要对某件事有强烈的原始兴趣；第二，新奇的眼光，善于发现种种新的信息、新的思想、新的成果，将其与自己的工作联系在一起；第三，敏锐的感觉，抓住一个又一个机会，即《为什么伟大不能被计划》一书中说的"踏脚石"，这些"踏脚石"可能是一本令人开窍的书、一个引领的人、一次富有创造性的活动……；第四，开放的心态，对这个世界保持宽广的胸襟，拥抱世界所有的文明，宽容所有不同的意见、思想和观念；第五，持续的行动，永远不要纸上谈兵，更不要怨天尤人，重要的是我经常告诉你们的"不停地实践"。

首先要改变（恢复）自己，但在这个世界上，能够改变我们的因素太多，至少有三点：

第一，世俗的名利。我们往往被某些蝇头小利所累，被入党、提干、评优、选先束缚了自己心灵的自由。当然，我不是说可以绝对不顾个人利益。毕竟我们也要吃饭穿衣，也要养家糊口，追求尽可能体面的物质生活无可厚非，但这种追求不应是无止境的，何况孜孜以求未必如愿，最后一无所得而徒生悲伤，何苦呢？物质追求应该有限度，住上了一百多平方米的房子，何必一定要有豪华别墅呢？还是那句话——幸福比优秀更重要！

第二，狭隘的视野。我们很多老师不能说不善良，不能说不敬业，甚至不能说不热爱教育、热爱学生，但他们目光短浅，思想苍白，知识贫乏，因为他们平时除了教材、教参和练习册，几乎什么书都不读。真正的教师必须拓宽自己的胸襟，必须扩大自己的视野，而这只能靠阅读，阅读，不停地阅读——不仅阅读教学类的书，还要阅读教育的书，以及教育以外的科技、人文书籍。有老师说"没有时间"，其实时间都是从习惯来的，养成习惯，自有时间。

第三，扭曲的三观。现在我们的社会充斥着各种被扭曲的三观,很容易影响我们的精神世界。不少谬论甚至披着"正能量"的外衣出现在媒体或网络上,如果我们灵魂苍白,信息源单一,必然容易被带偏节奏。其实,有时候识破某些胡说八道,并不需要多么高深的理论,只需坚守良知,遵循常识。只要有良知和常识,就不会上当。

我们都是教育者,教育者的使命就是育人。如果这个"育人"指的是改变人,即影响人的话,那么改变别人,首先得改变自己。我再说一遍,这里的"改变自己",就是恢复自己的本性、本心和本色。让自己的教育更加纯粹,遵从自己的兴趣,坚守自己的信念,随心所行。

我曾在好几本书上读到一篇碑文,据说是镌刻在英国威斯敏斯特大教堂地下室碑林中一块无名墓碑上的。我把它读给你们听——

当我年轻的时候,我的想象力从没有受到过限制,我梦想改变这个世界。

当我成熟以后,我发现我不能改变这个世界,我将目光缩短了些,决定只改变我的国家。

当我进入暮年后,我发现我不能改变我的国家,我的最后愿望仅仅是改变一下我的家庭。但是,这也不可能。

当我躺在床上,行将就木时,我突然意识到:如果一开始我仅仅去改变我自己,然后作为一个榜样,我可能改变我的家庭;在家人的帮助和鼓励下,我可能为国家做一些事情。然后谁知道呢?我甚至可能改变这个世界。

这些话深刻而隽永,告诉我们一个朴素的真理,要改变世界应该先改变自己。

我发自内心地感谢你们延续了我的青春,感谢你们丰富了我温馨的记忆,感谢你们增加了我教育的色彩……以后,我想起你们,会更加温暖,看见你们会更加亲切!

我讲完后,大家情不自禁地起立,用热烈的掌声向我表达敬意。

我热泪盈眶,不停地说:"谢谢!谢谢!"

最后,王兮放了一个回顾第四期历次授课和活动的小视频。一幕幕场景把大家带回了并不遥远的昨天。大家一边看,一边为我唱《听我说谢谢你》——

> 送给你小心心
> 送你花一朵
> 你在我生命中
> 太多的感动
> 你是我的天使
> 一路指引我
> 无论岁月变幻
> 爱你唱成歌
> 听我说谢谢你
> 因为有你
> 温暖了四季
> 谢谢你
> 感谢有你
> 世界更美丽

我要谢谢你

因为有你

爱常在心底

谢谢你

感谢有你

把幸福传递

……

2023 年 6 月 10 日于广元至成都的动车上

校长现场

开学第一天

2014年9月1日的早晨,秋雨绵绵。我校开学典礼不得不由操场转移到体育馆进行。

三千多位师生站在体育馆里,蔚为壮观。典礼开始,校歌《因我而幸福》响彻体育馆——

> 国旗映红长空
> 点燃朝霞
> 拥抱太阳
> 理想写满蓝天
> 豪情壮志
> 心在飞翔
> 大树顶天立地
> 小草纵情歌唱
> 人们因我更加幸福
> 世界有我更加芬芳
> 善良播进沃土
> 雨露滋润

爱在流淌

童心辉映校园

纯真陪伴

我在成长

大树顶天立地

小草纵情歌唱

人们因我更加幸福

世界有我更加芬芳

今天的开学典礼，开启了我校新学期"百姓讲坛"的第一讲。我校有两个"讲坛"——"大家讲坛"和"百姓讲坛"。前者是请著名专家学者来校演讲，比如流沙河、钱梦龙、朱永新、程红兵、李承鹏等；后者请各行业的普通劳动者来讲他们的人生感悟，比如我校学生的家长等。

今天请到的是成都市一家摄影器材公司的经理刘子杰先生。因为他勤劳、合法经营，而被评为成都市个体劳动者劳动模范。

在全校师生的热烈掌声中，刘子杰先生走上了讲台，开始了他的演讲——《机会总是留给有准备的人》。

老师们，同学们：

大家好！

今天非常荣幸能到这美丽的校园里来和大家一起分享你们的快乐，同时也非常感谢李校长给我这个机会。为了不辜负李校长给的宝贵机会，我一直都在想我将哪些感受分享给大家，才对得起这个机会，也不浪费大家的时间。最后我想分享的是

"机会总是留给有准备的人",并把我自己的成长过程和心得分享给大家。

记得自己在学校学习时,我非常爱戴和喜欢老师,因为老师经常告诉我们想要别人爱你,你必须先爱别人。按照老师的教导,我在认真学习的同时把学到的知识活学活用,让知识帮助自己成长。记得1981年我们高考时,要先进行一次准考考试,这次只有50%的考试合格者才有机会参加正式的高考,同时高考的本科招生比例也只占所有考生的5%,我能考上大学本科也算是幸运者,同时我认为我是按照老师教导的方式去学习的,是老师的付出成就了我,我从内心一直非常感激他们,我借此在这里衷心地对老师们说一声:谢谢你们教育了我!

到我大学毕业时,我们是由学校安排分配到单位的,我因为学习还可以,同时也爱体育运动尤其是打篮球,是学校和系里的活动积极分子,因此被中国人民解放军总后勤部车船研究所招收。经过部队的严格管理和刻苦锻炼,我了解到工作和学习一样,必须认真负责、一丝不苟,同时工作的责任心更重要,因为也许一个错误就会让无数战友牺牲。

在1987年军队现代化需要裁军时,我主动要求响应军队的号召,转业到了成都65厂。

刚到工厂,我要求自己从头做起,到基层车间,从一个技术员开始,在对生产技术的不断学习中提高自己的能力,在工厂的技术改革中多次得奖,并升为工程师。

在1993年邓小平同志的改革指导下,中国到处都在进行改革,我主动放弃了效益良好的工厂的正式工作,投身到社会的海洋中。当时我虽然有足够的勇气和准备,但在前三个月里,也多次应聘失败，没有工作就如不会游泳者掉到大海里，那种无助令人心慌和恐惧。还好，在一次双流棠湖集团招聘技术员时，我成功得到了这个工作机会。经过几个月的工作，他们认可了我的能力，让我负责成物大厦建设的机电设备的采购和技术把关。经历近两年的"下海"工作，我在1995年被新加坡的JPN公司邀请去新加坡工作。

这次在新加坡的工作给了我了解国外先进技术和管理的机会，同时也是我资本积累的开始。记得刚到JPN公司，其他员工根本不认可我的能力，我也认为自己在动手能力上需要向他们学习，所以，不论工作的环境有多恶劣，我都努力把工作做到最好。就这样，经过三年的工作，JPN公司对我的工作能力非常认可，公司在缅甸开分公司时，把我派去，放心地让我管理公司的技术。

在国外工作的时候，我一直希望能回国开创自己的事业，用自己的知识和技术来回报祖国。非常幸运的是，在缅甸工作一年多后，我一个在国内的朋友计划在成都开分公司，并多次邀请我加入。在1998年，经过多次沟通，我放弃了国外高收入的工作，回到成都开启了自己的事业。

自己做是非常不容易的，我们从三人开始，到一年后增加到十人，到2004年，公司人员已经达到了几十人，年销售额达到四千多万元，交税数十万元。同时我们也培养了许多精英，被同行比喻成黄埔军校。同年我有幸被成都市武侯区推荐成为成都市个体劳动者劳动模范。

也就是这个荣誉，使我有幸认识了我们著名的教育专家李镇西老师，也有幸来到这里和大家进行交流、分享。我贪心地希望，今后能有更多的机会参与到你们中间，学习和分享大家的经验，成为你们中的一员。

多年来，我一直想，"幸运"的人真的只是幸运吗？在对自己和许多也很幸运的人进行了解后，我发现，幸运中有很多必然，比如学习努力刻苦，工作认真负责，遇到困难总是积极乐观地去解决问题，对人诚实谦虚，时时刻刻都在学习和准备，所以，我总结出"机会总是留给有准备的人"。如果你希望自己今后能成为对社会有用的人，现在就一定要开始为之作准备，努力学习，爱你身边的每一个人，以积极向上的心态为今后的机会的到来作好准备。

我的分享就这些，希望没有浪费大家的时间。

谢谢大家！

演讲完毕，我简单评论了几句："同学们，刘叔叔大学毕业后从军，后来又到国企，然后又'下海'创业，无论他做什么都很出色，无论在哪个岗位上他都卓有成就。因为他随时都准备着去迎接机遇的到来，而不是被动地等待机遇。我们这个讲坛，就是要请各行各业的英雄模范来演讲。本学期，我还将请更多的杰出劳动者来为我们演讲。我们期待着！"

离开了中学，我匆匆赶到小学。第一节课，我来到一（2）班听包虹靖老师的课。

因为是第一节课，所以包老师为刚进小学的小朋友进行常规训练，比如静息、起立、问好、发言，等等。然后，包老师让小朋友们起来作自我介绍：姓名，年龄，家庭住址，个人爱好……

小朋友大方地起来介绍，非常有趣，有的上来有些紧张，张口结舌，有的活泼大方，有的说喜欢小猫，有的说喜欢跆拳道。一个说喜欢跆拳道的男孩还当场比划了几下，引得大家友好地大笑……

包老师特别有亲和力，语言委婉动听，教态和蔼大方，肢体动作丰富，让孩子们很自然地喜欢上了她。有的女孩子比较胆小，不好意思上台介绍自己。包老师就走到她面前，牵着小朋友的小手一起上台。孩子说话比较小声，包老师就帮她"翻译"并大声传达给大家。有一个女孩画了一幅画，包老师鼓励她给大家说说这幅画的内容。小朋友说这画是画的自己。还有一个小女孩很腼腆，包老师请她上台发言时，特意介绍她的爸爸为全班同学调整桌子高度的事，要全班同学感谢她的爸爸。掌声响了起来。

在展示画儿的时候，小朋友们都争先恐后举起自己的画儿，有几个同学还上台介绍自己画的内容。

然后，包老师还教小朋友们怎么交作业。

下课后，包老师来到我办公室听取我的意见。我说："没有什么意见，小朋友们很可爱，你也很可爱。要继续做新教育实验，缔造完美教室。你从一年级开始教这个班，要向侯长缨老师学习，通过新教育实验和孩子一道成长。你以后有什么困难，我可以帮你，你还可以请教远方的侯长缨老师。"我把侯老师的电话给了她。我还提醒她，一定要注意积累资料，注重过程的记录。

包老师很有信心地说："第一次开家长会，说到新教育实验，家长们很支持，有20多位家长要求参加家长委员会。我们还建立了QQ群，我有时候在博客里写了有关家长建议的博客，都让家长看。平时我会注意积累资料和记录成长过程的。"

告别了包老师，我又匆匆从小学赶回中学，为唐燕老师的初一（1）班上课。这是我本学期的第一堂课。

刚气喘吁吁地走到教室门口，我看唐老师好像正在跟同学们说"李校长马上要来给我们上课"，我走进去大声说："让我们用热烈的掌声欢迎李老师的到来！"

孩子们一下愣住了，不过立马便反应过来，都哈哈大笑起来，瞬间掌声震耳欲聋。

因为刚刚军训结束，孩子们的脸都是黑黑的。我笑着说："本来我一直为自己皮肤黑而自卑，可一走进来看到你们，我觉得自己的皮肤真是白嫩白嫩的！"孩子们立刻爆笑起来。

我说："不过呢，你们的皮肤虽然黑，却不粗糙，准确地说，是黑嫩黑嫩的！"大家笑得更厉害了。

我说："问你们一个问题，如果你们在校园里碰见我，该怎么说？"

大多数同学说："李老师好！"也有少数同学说："李老师！"

我笑了："嗯，说'李老师好'是对的，我会给你回礼，说'同学们好'。如果只叫'李老师'，我会认为你找我有事，会问你：'有什么事呀？'"我模拟着俯下身，看着同学们。大家又笑了。

我又问："同学们来到我们学校有什么感觉啊？"

一位男同学说："校园很大，比我们小学大多了。"

一位女同学说："唐老师对我们很好。"

我觉得这个女孩很面熟，问："啊，你是不是直升班的孩子呀？我还抱过你呢！"

她甜甜地笑了："是的。我是直升一班的。"

所谓"直升班"，就是我校附属小学的孩子提前进入我校学习。上学期我给直升班的孩子上过课。当时，这位女孩上台板书，因为个子太矮，我就抱着她让她在黑板上写字。

我问她:"上次给你班上课我讲的什么呀?"

她站了起来,说:"你讲了你一个叫杨嵩的学生的故事。说他有战胜自己的毅力,克制自己不过分打乒乓球,到了学习时间自觉回教室学习。"

我说:"嗯,战胜自己,我相信你们也能够战胜自己。今天,我给大家带了'一碗面'来请大家吃。"

大家都不做声了,都很吃惊地看着我,不理解我为什么说要请大家"吃面"。

我说:"大家也许想,李老师什么都没带来,怎么请我们吃面呢?呵呵,告诉你们,我们学校的每一个学生,都吃过我的'面'。'这碗面',不是一般的面,而是一篇小说,叫《一碗清汤荞麦面》。我给每个班的同学都读过,因此所有武侯实验中学的同学都吃过'这碗面'。这是一篇日本小说。说到日本,可能有同学不以为然,哼,小日本。我理解大家对日本的感情。侵华战争给我们中国带来了深重的灾难,而且现在还有部分日本人否定这段历史。我们当然感到愤慨。我们可以不喜欢日本,但我们一定要知道我们和日本有多大的差距。1945年二战结束时,吃了两颗原子弹的日本成了一片废墟,可后来他们迅速崛起,成为世界经济强国。原因很多很复杂,但我们今天读了这篇小说,至少可以知道部分答案。"

我打开提包找那篇小说,结果居然没找到,可能是丢在办公室了。不过不要紧,我对这篇小说太熟悉了,几乎能够背诵。于是,我开始讲述:"对于面馆来说,最忙的时候,要算是大年夜了。北海亭面馆的这一天,也是从早就忙得不亦乐乎……"

我绘声绘色地讲这个感人的故事,有时候模拟着主人公的表情或动作。孩子们特别专注地听着,每个孩子都仰着脸看着我,一双双眼睛亮晶晶的。随着我的讲述，时而凝神谛听，时而开怀大笑。整个教室充溢着浓浓的感染力，这感染力与其说是来自我的讲述，不如说是源于小说本身的动人情节和感人主题：爱与坚强。

小说讲完了，我跟同学们说："大家今天回去在网上搜索一下这篇小说再读读。同时，我布置一份家庭作业，大家一定要做。这作业便是，今天回家后给爸爸妈妈讲讲这个故事，而且把这个故事永远记住。再过50年、60年、70年……你们已经不能动弹，躺在床上，颤巍巍地叫道：'孩子呀……过来，过来，爷爷给你讲……讲……讲个故事，咳咳咳……'"

看着我模仿的表情和动作，同学们已经笑得拍桌子打板凳了。

我继续说："或者你是奶奶，会说：'孩子呀，奶奶给你讲个故事……（我继续模仿）这个故事呀，是奶奶读中学时，李校长给我讲的……当然喽，他已经死了很多年啦……'"教室里再次爆发出笑声！

下午一点钟，我请本学期到我校工作的20多位新老师到小会议室，我给他们作了一个微型讲座。这20多位老师大多是刚毕业的大学生，也有部分工作了几年的老师，但都算年轻教师。我给他们作的讲座主题是"寻找卓越而朴素的自己"。我通过PPT，图文并茂地开始了我的讲座。

我从侯长缨老师讲起，讲十年来我和原来素不相识的侯老师的交往，讲她在我的建议下参加新教育实验，一步步成长起来，由一位普通的小学老师成为现在的名师。

侯长缨老师的网名叫"快乐小荷"。按我的理解，所谓"快乐"，意味着职业幸福；而"小荷"意味着慢慢绽放，即"成长"。侯老师的确是一位快乐的老师，这快乐源于她每一天既蕴含意义又充满情趣的教育。她有理想，有爱心，有良知，有智慧……这一切都不是空谈，而是体现于每一天朴素的教育行为。她在不停地实践的同时，总是不停地学习，不停地反思，不停地记录……这正是成长，而且是和孩子一起成长。她用爱心滋润童心，孩子们用童心报答爱心。每一天都很平凡，每一刻都很精彩。在这平凡的精彩中，她拥有了孩子们的依恋，也赢得了职业的尊严。

然后，我说到"好老师"的标准，就三条：课上得好，班带得好，分考得好。我说，做到了这三点，你就很牛，就有了立身之本。但做到了这三点还不算名师，名师还得有影响力，因此还得有两个条件：能说，会写。能说，就能作报告，面对面地给更多的老师讲你的教育智慧，这不就有影响了吗？但面对面听你讲座的老师毕竟有限，所以，如果你还会写，就可以通过论文或著作，让你的思想、智慧传遍全国。

当然，要成为名师，必须做到"四个不停"——不停地实践，不停地思考，不停地阅读，不停地写作……做到了这"四个不停"，坚持五年八年，乃至更久，你想不成功，都十分困难！

首先说"不停地实践"。这里的"实践"，指的是每一天平凡的教育行为——上课、带班、谈心、处理突发事件……关键是在这过程中，要有创新与研究。要把每一堂课都当作研究课，把每一个班都当作试验田。要不断超越自己，不断超越的过程，就是自身潜力不断挖掘和自我价值不断实现的过程。

其次说"不停地思考"。这里的"思考"，就是思考每一天的教育教学行为……特别要勇于用常识识破一些装腔作势的所谓"理论"。凭良知做事，用常识思考！

再次说"不停地阅读"。不读书，无以教，无以活。读什么呢？教育报刊、教育经典、学生读物、人文书籍，等等。不要只是上网，要阅读书籍。流沙河说，网络更多的只能给你信息，只有阅读才能给你知识。只有广泛阅读，人才不会被蒙蔽。

对于国际国内富有影响的思想家的著述，包括人文知识分子的著作，你阅读了多少？对于中国20世纪的历史，你凝望了多少？对于20世纪中国知识分子的命运，你思考了多少？对于当下中国社会和民众的生活，以及各种暗流汹涌的思潮，你关注了多少？

我提到了叶圣陶，提到了钱穆，提到了陈寅恪……我说，书读得越多，我们就越感到，和老一辈大师相比，我们连学者都谈不上！

最后说"不停地写作"。写什么呢？可以写教育备忘、教育随笔、教育故事、教育实录等。关于教育故事的写作，我引用了干国祥老师的观点，建议大家应注意以下几点——

（1）这个故事应该蕴含着某种意义，或是成功的经验，或是失败的教训，或其他方面的启迪，等等。

（2）故事应该完整。有的老师在写教育故事的时候，往往虎头蛇尾，或者结构不全。一个完整的故事，一般来说应该有开端、发展、高潮、结局这样几部分。另外，一定要尽量保持故事本身的曲折性。

（3）尽可能保持现场情景，特别是原汁原味的有价值的细节。

（4）不要过于追求描写的文学化，不要用过多的夸张和抒情，千万不要虚构，即使是细节的虚构也不应该，应该忠实于生活本身，要相信有意义的故事本身胜过任何人为的"编剧"。

（5）夹叙夹议，但不要过度阐释，切不可让"理论分析"冲淡了故事；可以写出当时的心理活动，但一定要是当时的真实想法，不要以写作时的认识取代当时的思想。

接下来,我讲了"调节心态"的话题。我说:"你们刚毕业,对教育一定有着浪漫的想象。有理想是对的,有浪漫情怀更是应该的,因为教育本身就富有理想,而且有着浪漫的色彩。但是,当你每天面对一个个具体的问题时,比如学生不交作业,课堂纪律糟糕,家长不配合,考试分数你班是最后一名,等等,你还能浪漫吗?除了需要智慧,还需要一个好的心态。"

我提到了我校的优秀老师孙明槐、潘玉婷、郭继红等人,说:"你们注意一下这些老师,多向他们学习!"然后,我还讲了龚林昀老师、赵敏敏老师和唐燕老师的成长故事,鼓励大家在困难中前进,在挫折中成长。

一个小时很快过去了,下午第一节课的铃声即将响起。我赶紧打住还没讲完的内容,给大家播放了一个视频《唱着歌儿向未来》,画面上是30年来我的一张张教育照片,我年轻的脸庞和孩子们活泼的身影,随着谷建芬老师作曲的班歌旋律一一呈现,老师们都被感动了。

最后,我说:"祝每一位老师都能早日找到卓越而朴素的自己,并导演自己的青春大片!"

讲座结束了,第一节有课的老师去上课了,剩下的老师纷纷拿出我的著作请我签名。在签名的过程中,我问她们毕业于哪所学校。有几个老师说她们毕业于西华师大,我说:"噢,几年前我去西华师大作过报告的。"她们说:"当时我们就特意去听了您的报告,所以毕业后想到这个学校来工作。"

那一刻,我很幸福。

中午没休息,有些疲倦,但想到《名片教师》著作的审稿,我不敢小憩，请来刘显勇、唐燕和饶振宇三位老师，谈稿件的修改。讨论结束，我拿出"名片教师"奖杯的效果图看了起来，想象着9月10日颁奖典礼上那激动人心的场面……

2014年9月1日

写给90年后百年校庆的一封信

今年是我校十年校庆的年份。但我打算搞一个朴素而没有庆典的校庆。没有庆典,但有系列活动,比如书画、征文、手印墙、"岁月记忆"物品埋藏……昨天,也就是2013年最后一天的迎新演出,为校庆系列活动画上了圆满的句号。

下午三点,"岁月记忆"物品埋藏仪式在校园晏阳初塑像后面的草坪上举行。这是我的提议,将最能反映我校现在发展情况的资料埋在地下,90年后,也就是百年校庆时再挖出来,让那时的老师和学生看到学校今天的风貌。后来有老师说:"90年太久了,我们都不在了,我们想看这些'文物'的希望一点都没有了!"于是,我们又埋了一些40年后,也就是校庆50周年时启封的物件。

埋藏物有我们学校的宣传片,有展示学校各方面情况的画册,有我校老师的故事,有学生写给未来同学的一封信,有我写给40年后、90年后师生的一封信,有我的一套著作……

部分学生和教师参加了埋藏仪式。埋藏之前，我作了简短讲话。

我先问旁边的孩子们今年多大，她们说 13 岁，还有一个孩子说 12 岁。我问她叫什么名字，她说叫李茂晗。我说："那 40 年后，校庆 50 周年的时候，你 52 岁了。记住，到时候你也许在成都，也许在外地，甚至在国外，但你一定要设法回到这里，回到这棵树下，你要想到这是当年和李校长的约定，你来见证这些物品的出土，那是一个激动人心的时刻。其他同学到时候 53 岁了。我如果还在，也只能坐轮椅来了。我们这里现场的老师们那时也七八十岁了。你们都可以见证学校的发展。"

我对大家说："今天，现在，的确是一个历史性的时刻，我们埋下这些物件，埋下今天学校的发展，埋下了给未来的记忆。时间会继续流逝，学校也不会停止发展。无论岁月如何向前推进，我们的校训必将穿越时空。同学们，我们把校训再朗读一遍！"

"让人们因我的存在而感到幸福！"嘹亮的声音响彻校园上空。

最后我说："祝福学校，祝福同学们！"

然后我和同学们把装有物品的三个透明罐子——其中，两个罐子是 50 年校庆时开启，一个罐子是百年校庆时开启——放进了挖好的坑里。

下午四点左右，学校十年校庆暨迎接新年演出开始了。除了邀请退休老师和老校长，我们没有邀请任何领导和来宾，就自娱自乐。体育场内三千多师生济济一堂，笑声阵阵。在演出过程中，刘欣宇同学和我分别宣读了致未来的信。

我的信，全文如下——

写给百年校庆

2103年的孩子们、老师们：

今天，是2013年12月31日，我提前90年给你们写信，祝贺成都市武侯实验中学建校一百周年。

隔着遥远的时光给你们写信，我庄严而激动。

你们是90年后的学生和老师，我是现在的校长。因为"武侯实验中学"，我们便穿越时间隧道而心灵相通。

在成都市武侯实验中学百年校庆的日子里，你们手捧我们今天留给你们的"文物"，会看到学校曾经的足迹，会闻到今天我们青春的气息，会听到我们对你们真诚的祝福！你们或许会怦然心动，并发出种种感慨……

我相信，未来90年，世界会有许多我不可思议的变化，中国会有许多我无法预料的进步，学校也会有许多我难以想象的发展。但武侯实验中学的精神——"让人们因我的存在而感到幸福"依然会温暖着我们的校园，并照亮每一个人的心房。

茫茫人海，悠悠岁月。我们偶然来到这个世界，偶然来到这个学校，延续着前人的历史创造着历史，几十年后我们又走进历史。前人会怎样期待我们？——就像现在的我期待未来的你们一样。后人会怎样审视我们？——就像未来的你们审视今天的我一样。天地之间，我们每一个人都是匆匆过客，但当我们的生命流淌进武侯实验中学的时候，我们给学校留下了什么？这是世世代代武侯实验中学的师生永恒的思考。

我的回答是，给学校的未来留下充满人性的温馨记忆。

不必用堆叠的荣誉来证明教师的成功，教师的光荣就印在历届学生的记忆里。

我在岁月深处注视着你们。

李镇西

2013年12月31日

于十年校庆之际

我和刘欣宇同学的信都已经埋藏在校园的草坪下面了。

今天演出的节目特别精彩。在演出过程中,学校还专门为七位今天过生日的同学赠送礼物。特别值得一提的是,我校年轻老师演出的情景剧《文明在哪里》和学校舞蹈队赴澳大利亚演出过的《家乡的味道》,赢得了特别热烈的掌声。

最后,全场齐唱校歌《因我而幸福》——

　　……
　　善良播进沃土
　　雨露滋润
　　爱在流淌
　　童心辉映校园
　　纯真陪伴
　　我在成长
　　大树顶天立地
　　小草纵情歌唱
　　人们因我更加幸福
　　世界有我更加芬芳

气势磅礴的声音回荡在体育馆里。

最后一个"节目"是给全校每人发一根棒棒糖，象征着一家人甜蜜与幸福。

2014 年 1 月 1 日

又：后来，我们在花园里埋藏"岁月记忆"纪念物的那个"点儿"上修建了一座极富古典气息的"校庆亭"，旁边有一块大石碑，上面镌刻着我写的铭文：

校龄十年，历史一瞬。日月同行，风雨兼程。践行常识，恪守良知。师生互爱，亦亲亦敬。教学相长，如切如磋。朴素最美，幸福至上。图文并茂，深埋在此。影像俱佳，珍藏于斯。教书育人，记载今日。传薪续火，勖勉来者。

校长李镇西撰铭
公元 2013 年 12 月 31 日

2015 年 2 月 15 日补记

走近孩子，影响教师

那天——2013年12月11日——和数学老师侯纾难谈心，她说在初一（10）班上课时，课堂纪律不太好，有些男生很调皮。上周五，男生们在课堂上太"嚣张"，她实在上不下去课，气得流着泪离开了教室。说着说着她又流泪了。

侯老师是大学毕业后来到我校工作的年轻老师，而初一（10）班的班主任屈敏老师也是大学毕业后和侯老师同时来我校工作的。屈老师也曾经很苦恼地跟我说过班上几个男生"不听话"的事。两位年轻人，本来怀着美好的情怀来到学校，结果刚踏上讲台便遭遇来自课堂纪律的挫折。我决定帮帮两位老师。

我看了看时间，估计屈敏还没放学生，我说我去班上对学生说几句话。于是，我和侯纾难来到了初一（10）班。当时屈敏正在和学生讲话。我站在门口小声地对她说："等你说完了，我也跟学生说几句话，好吗？"她听我这么一说，便对学生说："我们欢迎李老师！"

孩子们鼓掌，然后静静地看着我。

我说："我想跟大家聊几句。虽然我是校长，也不可能全校每个班都这么关注，但我的确特别关心你们班。为什么？因为你们的屈老师和侯老师都是刚参加工作的新老师，我得帮她们。我经常路过你们班教室，同学们都很有礼貌；我也曾进你们的教室听课，真是很干净。所以，初一（10）班的孩子给我留下的印象很好。"

孩子们笑了，脸上表现出自豪的神情。

我话锋一转："现在我要问个问题，你们一定要说实话啊——你们喜欢屈老师和侯老师吗？"

大家都说："喜欢！"

我问："能不能说说理由呢？让屈老师、侯老师也听听你们对她们的表扬吧！"

"屈老师和侯老师很关心我们，很负责！"

"屈老师和侯老师很爱我们！"

"屈老师和侯老师从来不打骂我们，我们犯了错误，总是耐心地给我们讲道理。"

……

我注意到，屈老师说的那两个特别让她头疼的孩子也站起来说屈老师和侯老师如何如何好。

一直站在后面的侯老师流泪了，不停地擦眼泪；屈老师也流泪了。显然，她们被感动了。

我说："是呀，屈老师、侯老师对你们那么好，她们刚参加工作，你们的表现将决定她们对教育的情感。我昨天回我大学毕业最初教书的乐山一中去作报告。我一走进校园，就想到当年学生对我的好，我嗓子哑了给我送药，我生病了给我唱歌。正是这些学生让我感到教育的幸福。那么你们是不是都让两位老师感到了教育的幸福呢？有哪些同学让老师生气了呢？"

有同学举手了："我上课不守纪律。"那个戴帽子的男生——正是屈老师和侯老师最头疼的学生——也举手了："我上课管不住自己，说话，也不完成作业……"说着说着他也哭了。

我说："我相信这些同学真心觉得自己错了。侯老师也说你们上周五不守纪律，但周一跟她认错了。然而，没多久又犯同样的错误，课堂纪律依然不好。我知道，你们认错道歉是真诚的，但就是不能控制自己。班上要建立制度，包括奖惩制度。但最重要的是——我送大家四个字……"

我在黑板上写下"战胜自己"四个字，然后说："任何一个人的内心深处都有两个'我'：高尚的我和卑下的我。当你上课想玩的时候，两个'我'就在打架，一个说应该玩，一个说应该学。如果高尚的我赢了，你就会守纪律听课，反之就会不守纪律。所以同学们要随时提醒自己。你可以给自己定个规矩，如果一天上课没有违反纪律，或者一周没有违反纪律，你就奖励自己；如果没管住自己就惩罚自己，比如你以前每周都要踢足球，那么停止踢球一次。你还可以在本子上画个表格，一堂课守纪律，就画个红五星，一周都守纪律，看见满满的一片红五星，就充满成就感。虽然这红五星一分钱都不值，但这是一种精神享受，因为你战胜了自己。我相信大家！以后我会经常来关心你们的。让我们再次用掌声向屈老师和侯老师表示敬意！"

同学们热烈鼓掌。

过了一周，我在过道上碰见初一（10）班的孩子，问他们："最近课堂纪律怎么样？"他们说："大有进步。不信您去问老师！"

校长现场

我这次去初一（10）班和孩子们集体谈心的目的，本来就是为了帮助两位新老师，引导孩子们遵守课堂纪律。但没有想到，这次集体谈话还有一个意外的收获，那就是影响了侯老师和屈老师，她们通过我的这次谈话，学到了如何走进孩子的心灵。

几天后，屈敏老师写了一篇文章发给我。在这篇文章中，她记述了那次集体谈心的经过，然后写道："李老师的这次'突袭'是在关心我们班的成长，更是在帮助我这样的新老师解决问题。我心里很感激他，这本不是一个校长必须做的事，可是他却做了，还那么诚恳。同时，李老师这次和学生的谈话还让我学会了平静、冷静，认识到走进学生心灵的沟通的重要性。"

为了准确地展示她的收获，请允许我大段节录她的原文吧——

当学生犯错时，我的第一反应基本上是怒吼，靠大嗓门来镇压住他们。而今天李老师的到来给我上了很好的一课，那就是"以柔克刚"，走进学生的心灵世界，倾听他们的真实想法。李老师和学生的整个谈话过程就像是朋友间的聊天，没有严肃、没有紧张。虽然今天聊天的话题比较严肃，但他的每一句话的音量却不大，语气也很平和，不像我发火时的"河东狮吼"。他没有一来就说这个班的纪律怎么怎么样，而是从情感的角度出发，让学生先认同老师的付出，然后再让学生自己说班上的问题。这样一来，学生会觉得班上的事是和自己息息相关的。这一点对我的启发特别大，也就是要让学生从内心认同我，认同这个班，认同他是这个班的一分子，让学生真心觉得自己的表现和这个班的荣辱相关。

在整个聊天的过程中，李老师一直站在教室的最中间，在空间上和学生们拉近了距离。他提问时总是随时左右转动着看看各个位置，观察各个方向的同学的反应，这样既能通过学生们的表情和肢体语言获得他们对问题的反应，也能使每一位同学感觉到老师的关注。于是同学们都被李老师的真诚感动了，最先举手的就是班上平时不遵守纪律的那几位同学，包括"校霸"。每当李老师请他们回答时，他们总是显得很激动，比回答问题时好多了。当李老师拍拍"校霸"的肩膀让他坐下时，他还抽泣了。

李老师和学生们的聊天还让我学会了非常重要的一点，那就是不温不火，挖掘学生心中的情感因素，慢慢引导学生说出他们的心里话。李老师首先是夸奖同学们做得非常好的方面，这让他们非常有成就感。接着又从师生情感的角度出发，让学生自己说说喜欢老师的哪个方面，这样，学生就会去寻找老师的优点，在突出老师的优点和付出的同时，学生慢慢产生了愧疚感，开始进行自我反思。而当这种寻找老师的优点和自我反思结合在一起时，学生们会更加愿意说出自己的心里话，这或许就是"攻心为上"的道理吧。所以，当攻占了学生的心理和情感防线以后，那几个最不老实的同学乖乖地站了起来，他们没有了平时的傲慢态度、不理不睬，反而是哭哭啼啼，这可是平时难得一见的。

李老师这次的聊天对象虽然是学生，但其实也是在和我作无声的交流，他在告诉我作为一个老师应该怎样去面对经常犯错的学生，更是教我怎样去了解班上性格各异、成绩不同的学生，了解最真实的他们。我要像李老师那样，对待班上的事情要平和一点，淡定一定，多从学生的角度出发，听听他们的心里话，以心换心，以情动请，让自己走进他们的世界，哪怕有一个孩子能感受到老师真诚的关心而有所改变也是值得的。

  读了这样的文字，我心里有一种说不出的开心。以前我是一名班主任，自认为还算成功。现在我是校长，我真心愿意帮助更多的年轻班主任成功——这将是我新的成功。

2013 年 12 月 17 日

"售后服务"

上次，也就是 2013 年 12 月 11 日我到初一（10）班去给学生们进行了集体谈心后，班上情况明显好转。但我一直不放心，我想应该会有反复的，所以一直惦记着这个班，惦记着屈敏老师和侯纡难老师。

今天上午第三节课，我又找了屈敏老师和侯纡难老师聊天，问班上最近的情况。我说："作为校长，我去给孩子们上一节课，毕竟是一时的，我也不可能天天都去你们班，但是，你们的成长，却是我天天关注的。最近班上情况怎么样？"

两个美丽天真活泼的小姑娘很高兴地对我说，最近班上真的很好。侯老师说上次我去给孩子们讲过之后，上课的纪律特别好，这学期开学一周来也非常好。屈老师作为班主任也说，班上变化很大，孩子们都有进步。

屈老师还说，课堂纪律的好转可能和她在学生小组和座位上作了一些调整有关系。

我说："好呀！不过，你们觉得孩子们进步了，但我估计还会有反复的。不要紧，你们遇到了困难，就研究，然后拿出办法，结果有效，这就是教育科研！你把这件事写一写。我正准备找你呢。《班主任之友》杂志给我开专栏好几年了，今年的专栏怎么写呢？后来我和编辑一起商量，决定今年的专栏采用我和我校年轻班主任对话的形式，就是我校一位年轻班主任写一篇文章，谈自己的成长或讲自己的故事，然后我进行分析点评。我正说要你写一篇文章呢。你就写你最近是如何管理班级，让班级取得进步的，不就很好吗？要写出你的困惑、你的思考、你的研究，等等。"屈老师爽快地答应了。

我又对侯老师说："以后你也要准备当班主任。当班主任当然要累一些，但对你成长更有利。比如你和屈敏，你俩同时来我校，在学科专业的教学方面，可能旗鼓相当，但在对教育的认识上，屈敏肯定在你之上，因为她当了班主任，遇到的困难比你多，思考比你多。所以，我希望你以后还是要当班主任。"侯老师点点头。

我说："尽管现在班上有进步，孩子们听话，但不要轻言乐观。日子还长着呢。我参加教育工作已经32年了，你们才半年，未来还有很多困难等着你们呢！对这些困难的攻克，正锻炼着你们的智慧！"

屈老师说："其实最近也有几个男生有一点反复。"

我说："对呀，我刚才就说嘛，现在你们觉得孩子们有进步了，但其实还会有反复的。这就是你们将不断面对的困难。要知道，对一些后进生来说，反复，是他们的常态。优秀学生和后进生的区别是什么？是不迟到吗？是不欠作业吗？是不打架吗？不对，优秀学生也可能迟到，也可能不交作业，也可能打架，但优秀学生是偶尔迟到，偶尔不交作业，偶尔打架，而后进生是经常甚至天天迟到、欠作业和打架。一句话，后进生是反复犯错误。不反复，他就不是后进生了。明白这一点,你们就会多一些从容,多一些冷静,心情就要平和一些。"

侯老师说:"我的课堂上还有一些问题,比如有的学生上课注意力不够持久,刚上课他们能够认真听,时间一长便开小差了。"

我说:"注意力问题不是纪律问题,成人连续听报告也会注意力不集中的,孩子的注意力集中的时间就更短了。有的孩子集中注意力的时间的确不长,除了教育学生要自己提醒自己之外,更重要的是我们讲课要尽量吸引孩子,生动形象,还有,要多组织学生参与的环节,让学生动起来。总之,一堂课不能只有一种形式,只是老师讲,那样学生肯定会觉得枯燥的,注意力自然不会集中的。"

侯老师又说:"还有学生喜欢抢答问题。比如我提一个问题,有人举手站起来准备回答,结果其他学生就抢先回答了。"

我说:"呵呵,这是一个幸福的缺点。因为这说明孩子们都在积极思考而且争相回答,所以对你来说是幸福的。不过毕竟影响了别人回答,还是要教育孩子尊重别人。"

我又说:"这样,我再去班上跟孩子们说几句,我就说我是专门来表扬他们的进步的。"

两位老师都说好,我说:"我会继续帮助你们的!平时学校的具体事务都是书记和副校长们在管理,我呢,就有时间找你们谈心,到你们班上去,这就是我的正事。"

不一会儿下课了,我来到初一(10)班,一进门,孩子们就叽叽喳喳地招呼我:"李老师好!""李校长好!"我特意指着一个叫我"李老师好"的孩子说:"你叫对了!"结果,所有同学都喊:"李老师好!"

我问同学们:"你们知道李老师今天为什么又来咱们班了吗?"

大家说："因为我们现在表现好！"

我说："是的，所以我特意来表扬你们！那我还要问，你们为什么会表现好呢？"

有的说："我们长大了！"有的说："我们懂事了！"有的说："新学期我们要有新的进步！"……

我说："真好！李老师太高兴了！屈老师和侯老师也很高兴。我希望你们保持这个进步，继续克服缺点，取得新的进步。也许有同学还会反复，那我还是送你们四个字——"

同学们大声说："战胜自己！"

"好，时间不早了，你们去吃饭吧。"我说。

两个老师站在教室后面，笑盈盈地看着孩子们。屈老师还用手机给我拍照。她们听了同学们的话，也很欣慰。

李勇军老师对我说："李老师还有回访和'售后服务'。"

我说："那当然，实行'三包'。如果你需要我提供服务，我随时待命。"

2014 年 2 月 25 日

毕业典礼

昨天晚上,我校初三毕业典礼在牧马山举行。傍晚全体初三学生和老师们乘车来到基地,那里已经摆起了坝坝宴。近百张桌子整整齐齐地摆在坝子里,煞是壮观。六点半,我端起饮料向大家说:"把毕业典礼搬到野外举行,让同学们留下一个温馨的记忆,是我多年的梦想!今天,这个梦想实现了!请大家举杯,为同学们圆满完成初中学业而干杯!"

在一片欢呼声中,大家举杯一饮而尽。

然后我又提议同学们再次举杯,感谢三年来辛勤付出的老师们。"谢谢老师们!"孩子们真诚地大声说出这五个字,然后举杯感谢恩师。

大家开始大快朵颐,席间说笑不断。渐渐地,不少孩子起身端着饮料来到老师们的桌子前,向班主任老师和科任老师表达敬意和谢意!场面十分感人。觥筹交错之间,我看到胡鉴老师泪流满面地和孩子们互诉衷情。也不时有孩子走到我面前:"李老师,我敬您!""西哥,谢谢您!"然后我们互相碰杯,一饮而尽。

校长现场

吃完了饭，师傅们开始收拾桌子和板凳，以便腾出场地，准备篝火。同学们便纷纷在山坡上转悠。我散步来到一个转盘秋千旁，看到孩子们正在玩耍。仔细看，两个秋千——其实也不是"秋千"，而是类似于"秋千"的转椅，可以荡起来、飘起来。我坐上其中一个，一个学生坐另一个，然后一个男孩开始用手拨动转轴加速，越来越快，眼前的一切急速旋转，我头开始发晕，我赶紧闭上眼睛，但耳边呼呼的风声告诉我，我已经在空中飞速地转动，太可怕了！孩子们在哈哈大笑，我闭着眼睛喊："停下！快停下！"渐渐地，速度降下来，又慢慢转了几圈，我的双脚终于着地。我下了秋千，站都站不稳，头很晕，过了好一会儿才渐渐恢复正常。

回到坝子，一群一群的孩子前来和我合影。天渐渐黑下来了，坝子中央放着一大堆柴火。毕业典礼正式开始，我和衡书记举着火把点燃了篝火，很快火焰便开始升腾，照亮夜空。孩子们再次欢呼。

同学们激情奔放的舞蹈，老师们深情祝福的歌声，让所有人都沉浸在开心与感动中。这时候，年级主任唐真老师叫我去换衣服，我走进旁边的小屋子，老师们递给我一件奇形怪状的衣服。我仔细看，原来是一件超人的衣服。我比较胖，在几位老师的帮助下，我终于穿上了这件紧身服，并披上了披风。唐真在我耳边小声说了几句，我便明白他要我怎么做了。于是，黑暗中，我拿着话筒假装批评大家："太不像话了！毕业典礼怎么能够这样搞呢？看我的，应该像我这样！"

大家听到了我"严厉的斥责"，却不知道我在哪里。我从小屋里一下冲了出来，冲进了坝子中央，全场同学看到我穿着超人服装，一下炸开了锅，笑声冲天。我果真像个超人一样绕全场奔跑，高喊着:"我就是来自天外的超——人!"并和前排的孩子们一一握手。整个场面沸腾了,孩子们纷纷伸出手来和我相握。

我这个超人跑了一圈后,来到台上,这时候,《江南style》的音乐响起了,我跳起了骑马舞,孩子们更加开心了。本来我从来没有跳过骑马舞,但音乐一响,我好像来了灵感,双脚那么灵活,情不自禁地跳了起来。一群穿着各式服装的老师也来到台上和我一起跳。篝火边的孩子们也纷纷站了起来跟着我一起跳,后来几乎所有孩子都跳了起来,仿佛孩子们也成了篝火,在熊熊燃烧,场面十分热闹。

接下来,坝子旁边的银幕上播出了一段视频,视频上,老师们向孩子们诉说着心里话。一位位老师饱含真情的嘱咐,催人泪下。许多孩子热泪盈盈地仰望屏幕,并不停地擦拭着夺眶而出的泪水。第二段视频,是所有班主任给孩子们的节目。这是他们前几天偷偷拍的,画面上,班主任老师们都穿着厨师的白大褂,头戴厨师帽,在做面食呢!有的摊大饼,有的做面条……一边做一边给孩子们说着真情话语。比如有的把做好的大饼举起来,说:"这饼做得太宽了,我祝福同学们未来的路像这大饼一样越走越宽广!"下面的同学们都笑了。

一个男生走过来,递给我一个棒棒糖:"李老师,请你吃!"我说了声"谢谢",将棒棒糖含在嘴里。这时候,主持人请全体教师站在主席台前,对同学们说:"同学们,在这离别的时候,你们有什么话要对老师说呢?"听了这话,全体同学都不由自主地站了起来,纷纷涌到老师们面前诉说着,拥抱着,许多同学拿出象征感恩的蓝丝带给自己的老师系在手腕上。许多师生抱成一团,哭成一团。场面十分感人!

校长现场

最后，我走上主席台，对全校同学们说："我现在手里还拿着一个棒棒糖，是刚才一位同学请我吃的。我心里非常甜蜜。同学们，此刻你们开心吗？"

"开心！"大家一起说。

我说："今天是你们毕业的日子，我们在这里举行毕业典礼，我却想到了三年前你们进校的时候，我给你们每个班都上过一堂语文课。你们还记得当时我给你们讲的什么课文吗？"

同学们纷纷说："《一碗清汤荞麦面》。"

"嗯，对的。当时我跟你们说，希望你们永远记住这篇课文，记住这个故事，记住爱与坚强。我还说，等你们到了80岁，把这个故事讲给你们的孙子听。今天我还要说，无论你们走到哪里，一定不要忘记自己是武侯实验中学的学生，不要忘记做一个善良的大写的人！永远记住我们的校训——"

"让人们因我的存在而感到幸福！"同学们再一次呼喊校训，震耳欲聋的声音直冲夜空。

"今天下午，我一直在看上周你们做的问卷调查题。这套题是我亲自设计的。我认真看了你们每一个人写的答案。在这里，我要向你们表达两个歉意。一是，许多同学都给母校提意见，说学校食堂的伙食不够好，作为校长我向大家道歉！我们食堂的伙食的确不够好，不过今天晚上同学们吃得很好啊！呵呵！请大家放心，你们的意见，将促使我们改进食堂工作，让以后的学生吃好！"同学们鼓起掌来。

"二是，许多同学跟我说，希望我经常和同学们一起玩。这也的确是我不好，因为太忙，平时和大家玩的时候太少了，以后我一定尽量多抽时间和同学们一起玩！同学们就要离开母校了，我提议，我们再唱一次校歌，我起个头：'国旗映红长空……'"

全体起立，放声高唱。霎时，校歌响彻夜空。

篝火毕业典礼结束了，同学们还依依不舍。许多同学映着火光留影。我跟衡书记说："把今晚的活动刻录成光盘，给每一个孩子赠送一张，作为永久的纪念。"这时几个女孩子跑过来，把蓝丝带围在我的腰上，她们一圈一圈围着我跑，于是细细的丝带缠在我腰上了。我开玩笑说："我成粽子了！"但我是一个"幸福的粽子"。

回到家里已经是十一点过了，但躺在床上的我，眼前依然晃动着熊熊的篝火。

2014 年 6 月 17 日

师生之间

教师节的特别礼物

今年的教师节和中秋节过得很特别，特别之处在于我和所有成都市民一样，都是"原则居家"。因此，清澈的蓝天、明媚的阳光、皎洁的月亮……好像是另一个星球的，和我们没关系。

每天只有一次下楼的机会，而且必须下楼，因为要做核酸检测。于是，每天早晨我都尽量走慢些，让这宝贵的时间在感觉上延长。

因为"原则居家"的不方便，我也收获了特殊的礼物。

几天前，20多年前毕业的学生崔涛给我发微信，说："李老师，我离你家很近，我们社区储存了充足的蔬菜、猪肉、鸡肉等，需要的时候随时说一声哈，很方便给你送去。"我回复："好的。现在不需要。谢谢啦！"回复虽然只有几个字，但表达了我心里的感谢和感动。

又过了几天，更早毕业的一个学生戢实也说要给我送菜，而且已经准备好了："李老师，祝你中秋节教师节双节快乐，身体健康，精神饱满，家庭幸福！由于疫情我们不能相聚，我就让我的供应商给你拿点和牛来。我让供应商给你拿的是 M5 肋条和 M5 嫩肩，肋条和嫩肩就不要切片烤（煎），这个有筋，处理不好就会塞牙，就直接做中餐就行，肋条红烧或者清炖，嫩肩肉切丝、切片炒，或者做水煮牛肉片都行哈。"

我还说什么呢？我也就没推辞，静待快递小伙送到小区门口。半个小时后，我隔着栅栏取回了戡实送我的牛肉。

事情似乎不算大，无非就是学生送菜。以前类似的来自学生的爱，我也多次收到。但这样的温暖无论经历多少次，每次我都很感动。

回想以前我教他们的时候，应该承认，我的确很爱他们，这种爱体现于我认真上好每一堂课，尽可能尊重每一个学生，对后进生尽可能耐心一些……但这些不都是应该的吗？备课、上课、批改作文、找学生谈心、组织班级活动、挨家挨户家访……这些所谓的"爱"，哪一样不是我的职业行为？换句话说，我不就是靠这些事来领每个月的工资吗？

我再把话说明确一点，我对学生好，所做的一切都是应该的，不但没有超越职业范畴，也没有任何功利，就是一个愿望：把工作做好，对得起工资。

但是，学生毕业后，甚至毕业几十年之后，还对我这么好，这就不是他们必须做的了。无论是道德，还是法规——其实也不可能有这样的法规，都没有规定，毕业生必须给被疫情封在家中的老师送菜。按世俗的推测，是不是他们有事要请我帮忙呀？比如孩子读书要请我帮忙联系名校之类，但他们丝毫没有这些想法。

想来想去，还是学生的情感最纯粹。

当初学生家长也有送礼的，虽然不多，但我却不愿意收——注意，不是不敢，因为那时候没有"师德红线"一说，而是不愿意，因为觉得别扭，不舒服。哪怕家长是真诚感谢，我也要考虑是否含有妨碍我教育公正的功利因素。所以无论他们以怎样"真诚感谢"的理由送礼，我能不收就坚决不收。

但学生不一样，他们的一张贺卡都是真诚的，不可能是为了"让老师对我好"而送这张贺卡。童心最真最纯。

曾经有老师说："毕业多年，感觉对老师最有感情的还是'差生'而不是优生。"说实话，从教几十年，我真没有这种感觉，因为无论"差生"还是优生对我都很好。

还有老师说："二三十年前的学生要纯朴得多，现在的学生不那么懂事了。"可是，对我来说，无论是80年代的学生，还是最后一班的学生，对我都那么好。

只能说，我的运气好！每一届学生不一定个个成绩都最好，但都很重感情。

中秋节那一天，我特意给谷建芬老师通了个电话。近年来，我和谷老师时不时通电话，有时候她打过来，有时候我打过去。往往也没有什么事儿，就是问候一下。

电话打过去，她刚刚听了我工作站的老师们给我创作的歌曲《答案》，她说这歌很不错，词也好，曲也很好，还提了点建议。

我说："这是他们瞒着我给我创作的礼物，花了半年时间啊！他们最初想请您谱曲，但如果请您就得通过我，那就无法向我保密了。所以他们便自己创作。"

电话那头的谷老师笑了，说："太感动了！"

她问成都的疫情怎么样，我怎么样，我说："我现在被封在家，正过着几个月前您过的生活。"

她哈哈大笑起来。从谷老师的声音中,我感觉她精神很好,思路清晰,我对谷老师说:"您一定要好好保重身体!以后我去北京,再去看您!"

教师节当天,我还收到一份特殊的礼物。

微信上,我收到一封信——

亲爱的李老师:

又是一年金秋月,中秋恰逢教师节。在这难得的日子里,我找到了一份小礼物,赠送给您。这是一段短视频,拍摄于2022年的2月,那是我第一次用钢琴弹唱《答案》这首歌的小样,也是我第一次发给词作者王兮的初稿。视频录制未经任何的技术修饰,当时甚至连曲谱都没有,我仅仅是看着手机里的歌词,凭着一直以来对老师您崇敬的情感,在钢琴上即兴弹奏。

我把这段技术粗糙但情真意切的视频,在这特别的日子里赠送于您,向李老师表示最深的敬意和最真的祝福。

在此,也恳请李老师多多指正。

林　钟

2022年中秋夜

小视频,是半年前他为《答案》谱曲时,坐在钢琴前边弹边唱的情景。

我回复林钟:"我一定珍藏这段视频!这份礼物特殊而珍贵,让我特别感动!"

我再次打开《答案》的MV,又一次沉浸在一种美好的情感中。

表面上看，这首歌表达的是他们对我的敬意，但最后一句歌词超越了简单的师生情感，而落脚在"原来我们是答案"，这是他们对自己的激励。

无论是对我的尊敬，还是他们对自己的激励，或是二者皆有，教师节这一天，这首歌都是我们共同的礼物。

2022 年 9 月 12 日

百感交集的聚会

今天中午,成都市玉林中学初98届5班的十多位学生约我小聚。

这个班很特殊很特殊,因为我当初刚送走高95届1班又回到初一担任两个班的班主任,一个班是由全年级成绩最好的学生组成,是所谓的"尖子班",另一个班则集中了全年级最令人头疼的孩子——今天聚会的学生,就是这个班的孩子。

所谓"孩子"那是当年,今天站在我面前的学生,都是大人了。这个班的学生出生于1982年或1983年的比较多。今天见了面,好几位我都没认出来。但他们都认得我,见了我很高兴。无论是当年文静的小姑娘沈蜀娥,还是当年调皮得不得了的吴桢,今天都让我感到特别亲切。当年的小男孩、小女孩,如今都是大人了。看着他们,我不禁说:"我在外面讲学,经常说,只要是我教的学生,长大后男生个个英俊,女生个个漂亮!"

应该说当年我在这个班倾注了太多的心血。想想,要对付那么多的捣蛋大王,我得花多少功夫啊!但今天我落座的第一句话,便是对挨着我坐的马筱晓说的:"我要向马筱晓道歉,因为当年我错批评过你!"马筱晓是个很活泼的女孩子,当年也很调皮的,没少挨我的批评。但有一次我却冤枉她了,具体细节我记不得了。我曾让马筱晓回忆一下写给我,但她没有写。估计她没往心上记。今天,马筱晓听了我的话,说:"哪里哪里!没有没有!"我多次说过,学生的胸襟总是比我们教师宽阔。他们总是记住我们的好,而把我们的不好忘得干干净净。

饭桌上,我给他们讲了很多当年的故事。这些故事,他们是亲历者,但却不知道"内幕"。我今天也没有完全揭秘。但我的讲述,勾起了他们的回忆。他们听得特别专注,特别认真。敢实说:"我们又回到了当年的课堂上!"

张宇航也是当年让我操心的孩子,但今天他说:"我们当年读书的确不行,但李老师教会了我们做人。这么多年过去了,我们班的同学没有一个成为罪人而被关进去。"我说:"我现在想得最多的是我的教训,尽管教你们时我不再动手打学生了,但有时候你们太让我生气了,我抓住你们的胳膊时还是会忍不住使劲捏。"吴桢说:"是的,你就捏过我,把我的手捏得好疼!"大家笑了起来。

敢实说:"什么时候聚会找个大的房间,就让李老师给我们上一堂课,哪怕是像当年一样给我们读读小说也行。"

吃饭中,张凌打来电话致歉,说因为特殊情况来不了。他说他很想见见我:"李老师,您是我最后一任老师!我离开您后就再没读书。我下次一定专程去看您!"这个张凌,当年在班上如猴子一般调皮,成绩也不好,经常被我骂,后来中途转学,去沈阳学踢足球。走的时候,我们为他开欢送会,他泪流满面。再后来,他以足球运动员的身份去了日本,一待就是十年。前几年回来还给我打电话,说很想我。

当年这个班并不是个个都"差",也有不错的,但集中了全年级最"差"的学生,这是公认的。因此,这个班就成为全年级"差生"最多的班。然而,这个班的孩子和我感情很深。无数次我带着一群调皮捣蛋的孩子去公园玩,在野外斗鸡。

本来还想多和他们待一会儿,但中途我接到一个电话,不得不提前离去。

分别的时候,吴桢说:"李老师,到上海你一定要跟我说。"我问他:"这次是到成都出差吗?"他说:"不是,我就是专程为这次聚会而回来的。"我太感动了,特意和他单独照了一张合影。

这群学生中,有两位是我的同行:一位是马筱晓,在成都泡桐树小学西区教书,兼做德育工作;一位是郑姝,她现在是成都十一中的英语老师,目前教高一。我对她俩说:"我们都是同行,以后多联系。有机会我送你们几本我的书。"

郑姝说:"李老师,听说你们学校的校训是'让人们因我的存在而感到幸福'呀,这话当年你也对我们说过的。"

我说:"是的。"

写到这里,我突然感到后悔,因为走得匆忙,都没有和马筱晓、郑姝合个影。我们三个老师合影,多有意义啊!

2013 年 11 月 16 日

以学生为镜

今天早晨我离开乐山驱车回成都,一路上都在想着耿梅。昨天的聚会,让我最开心的,就是见到了从广州赶回来的耿梅。耿梅已经不仅仅是我教过的一个学生的名字,而且成为我记忆里的一个标志,标志着我犯过的错误。

1984年7月2日,是同学们毕业离校的前一天。师生相处了三年,毕业时自然难舍难分。不少同学一到学校就给我送来了礼物——有自己的照片,有钢笔、影集等。我对同学们说:"谢谢同学们!但是,对我来说,最好的礼物,是你们提的意见。同学们,在和你们一起度过的日子里,我做了一些我应该做的工作,也犯了不少错误,有的错误可能我至今都还不知道。真对不起大家!同学们就要毕业了,我们这个班就要解散了,你们也就要离开学校了,但我还要继续在这个学校工作,下学期又要结识一批新的学生。因此,我请每一位同学给我写一封信,作为留给我的礼物。"

学生们没有思想准备,都很惊讶。我接着解释说:

"这封信只要求写一个内容——对李老师的意见。平时的作文中,你们说李老师的好话已经很多很多,所以在这封信里就不要再说任何表扬的话,专门给我提意见就可以了,帮助李老师总结经验,更好地教育以后的学生们。反正现在你们已经毕业了,就不要有什么顾虑,哪怕写得不那么准确,也不要紧。只要是真诚的,李老师都非常欢迎,也非常感谢!"

第二天,也就是1984年7月3日举行毕业典礼那天,同学们把他们写的信都交上来了。我看了之后,被孩子们的真诚感动了。其中有几封信直率而尖锐,直刺我的内心。我决定在班上公开读读这几封信,以此向同学们表达歉意和谢意,也算是给同学们最后的讲话。

我读的第一封信就是耿梅写的——

敬爱的李老师:

您好!

三年来,您在我们身上花费了不少心血,同学、老师、家长都看见了。我们深深地感谢您!您工作负责,大胆,富有创新精神,把我们未来班搞得生气勃勃。我们深深地感谢您!

在这即将分别之际,您诚恳地叫我们给您提提意见,好吧,如提的不对,请李老师原谅。

第一,我发现您对中等生关心不够。比如×××同学(注:耿梅原文写了真名,我这里略去),她明明有不少缺点,您却很少找她摆谈,这使×××同学产生了畏难的情绪。其实您发现了这些同学的缺点,就最好找他们个别谈一下,时间不论长短,这些同学会感动的。

第二,您有时批评同学语言很尖刻。李老师,您还记得吗,一年级时，有次我违反纪律惹您生气，您不但请来了我的家长，而且在全班同学面前说我"脸皮厚"……当时我不服气地小声争辩了几句，您便更加严厉地叫我站起来，并列数了我"脸皮厚"的六个标志，同学们都盯着我，我羞愧极了，但咬着牙硬是没哭！当然，也许您是对的，但您知道吗，您已经刺伤了一颗幼小的心。

……

读到这里，我非常内疚。

其实耿梅和我还有些渊源，或者说有一些"特殊关系"。她的父亲和我的父亲在60年代是同事，都在乐山教育局工作。我的父亲去世很早，所以后来我只要见到父亲的同事，都有一种亲切感。当年我去耿梅家家访时，见到耿叔叔，就想起我英年早逝的父亲。所以，应该说，我的潜意识里，对耿梅还是有些情不自禁的偏爱的。当年的耿梅是一个腼腆甚至有些害羞的小姑娘，成绩不算出类拔萃，但也不错，属于中上吧。她很关心集体，我记得她常常帮着班上的同学抄写黑板报。但就这么一个女孩，却因为一个很小的错误被我骂"脸皮厚"。

那一天做课间操时，耿梅没有认真做，而是一直在和同学议论着什么有趣的话题，又说又笑。我当即严厉地呵斥："耿梅！为什么不认真做操？兴奋个啥？"我的声音很大，引得周围其他班正在做操的同学都转过身来看着耿梅。她的脸一下就红了，但又表现出满不在乎的样子看着我，还笑，嘴里小声嘀咕着什么，好像是不服气地顶撞我，于是，我便更大声地骂道："错了还不接受批评吗？不要脸皮太厚！"一向文静柔顺的耿梅当时一下子火了，和我顶撞起来:"你凭什么说我'脸皮太厚'嘛?"结果,回到班上后我当着全班同学叫她站起来,气急败坏地骂了她很久。我记得我说:"我刚才说耿梅脸皮太厚,她不承认,好,我现在就跟她分析一下,让她明白她的脸皮到底厚不厚。别人都在认认真真做操,她却又说又笑,这是脸皮厚之一;我批评她,她不知道自己错了,这是脸皮厚之二;她不接受批评,也不改正,这是脸皮厚之三;老师批评她,她居然还好意思笑,这是脸皮厚之四;她一边笑还一边和我顶嘴,这是脸皮厚之五;而且到现在她还没有半点认错的意思,这是脸皮厚之六!"

30多年后的此刻,我还在为当年的行为悔恨不已。当初我为什么要用如此恶毒的语言挖苦耿梅?也许是我觉得她冒犯了我的尊严,我必须狠狠"迎头痛击";而我在捍卫自己尊严的同时,却严重伤害了学生的尊严。

当时,我真诚地对同学们说:"是我错了,同学们!在这里我真诚地向耿梅同学道歉!"教室里很安静,同学们都认真地听着。

我继续读着一封又一封信——

"我觉得,您对同学们的了解还不够。是的,您把我们当作您的朋友,把自己的理想和希望都寄托在我们身上,但是不管是希望还是理想,您都要在了解的基础上给予寄托,同学们才会真正受教育,这样您的理想和希望才会在不久的将来实现。"这是黄慧萍同学的信。

"您的脾气有些急躁,有时控制不住竟对我们大发雷霆,使我对您有些'害怕'。请您改正这个缺点,别让下学期的小同学也对您产生'恐惧'。"这是龚驰群的来信。

"您应该多多注意保护您的身体,若不是什么特别要紧的工作就千万不要熬夜!"白敏同学的来信表达了对我的关心。

……

信读完之后,我再次向同学们表达了感谢。我说:"毕业之际同学们留给我的这几十封信,就是留给我的几十面镜子,我可以从中看到自己的缺点。下学期也许我的工作会有改进,将来也许我会在教育事业上取得成绩,甚至像同学们所希望的那样成为优秀的老师,而这一切都与你们的这几十封信分不开!我永远感谢你们,亲爱的同学们!"

当天晚上,我写了一篇长长的日记,记录了同学们写给我的所有意见。

后来,请学生通过书信给我提意见,成了我做班主任的一个"传统节目"。每一届学生都会给我写这样的信。每一封信的确都是一面镜子,30多年来,正是有了无数面这样的镜子,我才得以成长起来,成为受学生爱戴的老师。

我曾经对一些年轻老师说过:"我的成长,就是不断把教育失误变成教育财富的过程。"当然,把教育失误变成教育财富,前提是我们能够诚实地对待自己的事业,严肃地对待自己每一天的工作,唯有这种真诚和严肃,能够让我们坦然地面对自己的失误——为了我们心爱的事业和学生,我们要勇于解剖自己和否定自己,因为这能够使我们更加成熟,使我们的教育走向成功。泰戈尔有这样一句诗:"真理之川从它的错误之沟渠中流过。"也正是从这个意义上说,每一次错误,对所有具备真诚反思精神的教育者来说,都是一个进步的台阶,我们沿着错误的台阶一步一步走向事业的成功。相反,那些敷衍地对待自己的工作并且被某些狭隘的功利思想束缚头脑的人,往往会拼命地掩饰错误,会给自己找许多"借口"和

"理由"来原谅自己。对这样的人来说，每一次自我原谅都是新的错误，这个错误同时也是一个陷阱——他们即使可能从这次错误的陷阱中艰难地爬上来，但随时都可能掉进另一个错误的陷阱，而永远不能够走向教育的成功。

而一届又一届学生给我写的一封封提意见的信，就是一个个成长的"台阶"。

从这个意义上说，我真心感谢耿梅，感谢30多年来给我提意见的学生。后来，我把伤害耿梅自尊心的事作为教训写进了《做最好的老师》等著作中。

几天前得知在广州工作的耿梅要回来参加这次同学聚会，我特意带上了当年的日记。昨晚我给她看了这篇日记，她说她还记得这件事，但她更记得我去家访，我带他们去玩儿，我如何如何对他们好……我不禁感慨，学生的胸襟总是比老师宽阔！

今早在酒店退房时，我放了一本《做最好的老师》在前台，请酒店服务员转交给耿梅。然后我给耿梅打了一个电话："耿梅，我马上回成都了。我送一本书给你，放在酒店前台了，你自己去取吧！记得翻开第67页，上面我提到了你。"

一个多小时后，车刚开到成都，我接到耿梅的短信："李老师，谢谢您！这次听说您要参加同学聚会，所以我兴奋地赶了回来，看着老师一切都好，还像30年前的李老师，真的好开心！老师，我到成都一定专程去拜访您。老师您保重！请代问万老师好！收拾好心情，一定好好拜读老师的专著。谢谢您！"

2014年1月29日傍晚

又：刚才，在整理这本书稿的时候，手机响起了，拿起一看，是耿梅在我的一条微信后面的评论："有师如您，是我们今世的福分！"

2015 年 2 月 15 日晚补充

什么样的"好关系"才是"好教育"?

"好关系就是好教育",这句话近年来被越来越多的教育者所认同。

这句话我最早是从孙云晓的文章中读到的。后来丑小鸭中学的詹大年校长在讲他和学生的故事时,也常说"好的关系就是好的教育"。最近,李希贵校长也说:"教育学首先是关系学。"其实这个观点就像"没有爱就没有教育"一样没有首创者,因为它不过是常识。

但是,什么样的"好关系"才是"好教育"呢?我认为,能够成为"好教育"的关系,至少应该具备以下五个特点——

第一,蕴含教育。

通常说的和谁"搞好关系"指的是与他和睦相处,不发生矛盾,彼此相安无事。有的老师甚至把和学生搞好关系,理解为尽量不得罪学生,甚至讨好学生。我们这里说的关系显然不是这样的。和一般的人际关系不同,师生关系最本质的特征就是教育性。如果取消了教育性,那么师生关系就沦为庸俗的哥们儿关系。

也许是对过去居高临下强制灌输的教育方式的逆反,现在有一些老师忌讳说"教育",而片面甚至极端地强调"无为而治",大谈"陪伴""静等花开""牵着蜗牛去散步"……应该说,教育需要"陪伴""静等花开""牵着蜗牛去散步",但在这样做的时候,也不能仅仅有陪伴,还必须有不动声色的教育性。我曾写文章说过:"如果教育只是陪伴,那和养猫养狗有什么区别?"

教育,意味着对下一代的积极影响。我们的责任、使命、理想,我们的教育目的,我们所要传递给学生的真善美的品质,还有要培养的民主意识与创造精神,以及要点燃的思想火花和要拓宽的海洋般开阔的胸襟与视野……都应该在教育者心中非常明确,而且一刻也不能模糊。

只是这种一刻也不能模糊的教育意图,应该自然而然地融汇在师生关系中。正如苏霍姆林斯基所说:"教育者的教育意图越是隐蔽,就越能为教育的对象所接受,就越能转化成教育对象自己的内心要求。"

第二,体现平等。

一般来说,在心智的成熟、专业的能力和人生的阅历等方面,教师应该在学生之上,但就尊严而言,师生却是天然平等的;教师和学生不但是人格上、情感上平等的朋友,而且也是在求知道路上共同探索前进的平等的志同道合者。

还不只是人格上和情感上的平等,师生在求知过程中所拥有的思考权利更是平等的。常说"真理面前,人人平等",落实在师生关系上则意味着"吾爱吾师,吾更爱真理"。韩愈说:"弟子不必不如师,师不必贤于弟子。"意思是,学生的才学不一定不如老师,老师也不一定比学生贤能,所谓"道之所存,师之所存也"。

在课余时间，教师完全可以放下"先生的尊严"和学生打成一片，一起聊天、一起踢球、一起远足，甚至一起在草坪上摔跤……这时候，没有老师也没有了学生，只有朋友。如陶行知当年对师范生所大声疾呼的："未来的先生们！忘了你们的年纪，变个十足的小孩子，加入在小孩子的队伍里去吧！您若变成小孩子，便有惊人的奇迹出现：师生立刻成为朋友，学校立刻成为乐园；您立刻觉得是和小孩子一般儿大，一块儿玩，一处儿做工，谁也不觉得您是先生，您便成了真正的先生。"

而教师与学生的平等交往本身也蕴含着教育性——今天的教师如何对待学生，明天的学生就会如何去对待他人。

第三，充满互动。

解释一下，我这里的"互动"特指师生人格的互相影响、思想的互相启发、智慧的互相促进、情感的互相依恋。

在传统教育中，我们往往强调教师对学生的引导、影响和转变，而忽略了学生对教师同样也有引导、影响和转变的作用。只是前者有意识、有计划，而后者则是无意识、无计划。

前面我说过，就心智的成熟、专业的能力和人生的阅历等方面而言，一般来说，教师在学生之上，但在精神方面，师生却是互相学习、共同成长的。

陶行知在谈到"民主的教师"时，把"跟小孩学习"作为民主教师的必备条件之一。他解释说："先生必须跟小孩子学，他才能了解小孩的需要，和小孩子共甘苦。并不是说完全跟小孩子学，而是说只有跟小孩子学，才能完成做民主教师的资格。否则即是专制教师。"

苏霍姆林斯基也曾这样告诫青年教师："只有当教师在共同活

动中做孩子们的朋友、志同道合者和同志时,才会产生真正的精神上的一致性……不要去强制人的灵魂,要去细心关注每个孩子的自然发展规律,关注他们的特性、意向和需求。"

从某种意义上讲,教育是师生心灵的和谐共振,是师生互相感染、互相影响、互相欣赏的精神创造过程。它是心灵对心灵的感受,心灵对心灵的理解,心灵对心灵的耕耘,心灵对心灵的创造。这是师生共同成长的精神历程。

第四,彼此信任。

师生的彼此信任,首先体现于双方在交往过程中都有一种安全感。学生不会害怕老师的和蔼可亲中包含着某种"计谋",老师也不会担心因和孩子交往中的某些失误而被孩子或其家长举报。无论是教师还是学生,彼此坦诚相见,心灵不设防。

对教师来说,信任孩子就是把所有孩子都看作正在成长中的人。尽管有的孩子还存在着这样或那样的缺点甚至恶习,但哪怕是我们眼中的"差生",我们也要相信他内心深处燃烧着想做好人的愿望。

信任孩子,还意味着不要对任何学生搞有罪推定,不要班上一出了事,就想当然地认为"肯定是谁谁谁干的"。老师要尽可能不冤枉孩子,因为哪怕是一次被冤枉,孩子在心灵受伤的同时对老师的信任也会被严重损害。"宁可被学生欺骗一千次,也不要冤枉学生一次。"这是我当年的自勉自警。

教师还要珍惜孩子对自己的信任,包括宽容孩子在作文或其他文字形式中表露的"错误想法"。可以引导,但千万不要上纲上线地"批判",更不可公之于众。无论孩子的想法多么幼稚荒谬,他在写出这些文字时,都是出于对老师真诚的信任。教育家吕型伟曾说:"如果孩子能对你讲悄悄话了,教育就成功了一大半。"当孩子一遇到困难或苦恼时,第一时间想到老师,这是做老师的幸福,也是教育的成功。这份来自童心的信任,老师务必要珍惜。

第五,持续稳定。

尽管师生关系蕴含着教育性,但这绝不意味着师生交往充满"解决问题"的功利性,更不是为了"感化学生"而把与学生搞好关系当作一种临时性的权宜之计。良好的师生关系首先是基于教师对学生的关爱和学生对教师的敬仰。无论是教学生一年两年或三年五年,这份真诚的师生情感应该是始终伴随的。

尤其应该反对教师把对学生的"爱"当作一种"感情投资"。虽然和学生良好的关系能够让学生更接受老师的教育,所谓"亲其师,信其道",但把情感当工具,这让教育成了"钓鱼"。而为了"钓鱼"抛出的"感情诱饵",不可能维持稳固的良好师生关系。因为一旦教师没有获得期待中的"回报"——学生的进步,他很可能立刻恼羞成怒,所谓"好的关系"很快瓦解。

只有没有功利性的良好关系,才可能是持续的;只有不图"回报"的爱,对学生的情感才可能是稳定的。

良好的师生关系还隐含着教师和学生家长的关系。持续稳定而良好的家校关系,同样重要。教师应该让家长感受到自己对教育的忠诚、对学生的真爱、对家长的尊重……这样的教师,无疑会让家长佩服。教师还应该让家长感受到自己的智慧、学识、才华、情趣,尤其是对教育的深刻理解……这样的教师,才会让家长放心。

只有令家长佩服和放心,我们才能顺利地与家长建立稳定的良好关系。

我一直非常欣赏泰戈尔的一首诗:"不是槌的打击,乃是水的载歌载舞，使鹅卵石臻于完美。"想想吧，所谓"水的载歌载舞"，其实就是水与鹅卵石的亲吻与拥抱，正是这种美好的关系"使鹅卵石臻于完美"。

这难道不是我们所期待和追求的师生之间"好的关系"吗？

2023 年 3 月 5 日

谁是我『最优秀』的学生?

这个问题源于一次记者对我的电话采访:"李老师,怎样的学生才能算您最优秀的学生?"当时我没正面回答,而是说:"这个答案不言而喻吧?——德智体全面发展呀!"我这不是敷衍应付,因为"德智体全面发展"难道还不优秀吗?但显然也没认真回答。因为我想,如果我说出自己的真实想法,他不一定相信。

我的真实想法是什么呢?

在今年我的第一个毕业班——乐山一中未来班毕业30周年聚会上,我说了这样一段话:"从教30多年来,一批又一批学生毕业后来看我,我从来不主动问学生是做什么的。也许你们的职业不同、收入不同,或者以世俗的眼光看,你们之间的所谓'社会地位'也有所不同,也许有的是局长或其他什么长,有的是普通劳动者。但我不想知道这些,因为在我的心目中,只要你善良、正直、勤劳,你就是我最优秀也最令我自豪的学生!"

事后有学生给我写信说,她当时听到这话很感动,眼眶都湿了。

在一些记者、教师和学生家长心目中,考上名校的孩子是最优秀的学生,成为科学家、艺术家的孩子是最优秀的学生,当上总裁或局长、厅长的孩子是最优秀的学生……如果你跟他们说,最善良的孩子才是最优秀的学生,他们可能不但不会相信,还认为你矫情,或者以为你培养不出"精英",便自己给自己台阶下。

不要以为我把别人想得很功利。我们的教育,不,首先是我们的时代早就功利得让我目瞪口呆了——以成败论英雄,以成绩论教育,这已经不是潜规则而是明规则了。衡量一个孩子优秀的标准,早已不是什么"德智体全面发展"了(当然,这依然写在各种文件中),而是出类拔萃的考分和名牌大学的通知书;评价一个人成功的尺度,也早已不是什么善良、正直、诚信、勤劳,而是看他是不是成了"家"成了"长"。你看大家都是这么个观念,我却在那里说什么"善良"云云,真是太苍白啦!

不是我的学生中从没有所谓的"出类拔萃"者,相反,按照世俗的标准,从教30多年来,我送毕业的学生中,后来成为各行各业佼佼者的人还为数不少呢!县委书记、公安局长,还有这个"长"那个"长",真还不止个别。这且不多说。我学生中后来成为行业翘楚的更是不少。我是经常从媒体上看到有关这些学生的报道的。比如十多年前,许多报纸都在炒作一个大学在校女生,说她还没毕业,就因为学业优异、能力出众而被某国际跨国公司聘为该公司亚洲地区副总裁;又如也是十多年前,一位青年作曲家夺得国际大奖,据媒体说这是我国作曲家第一次荣获此殊荣;还有去年,也是媒体炒作了一阵某青年企业精英被派往北美担任高管的事……读者可能已经猜到了,这些新闻的主角都曾经是我的学生——注意,我说的是他们"曾经是我的学生",而没有说他们"是我培养的"。但当时这些新闻被炒作时,记者都来采访我,问我的感受,我的回答很是让记者扫兴:"和我没关系的!他本身的天赋就很高,再加上人家的家庭教育非常好!他不过是在我班上读过几年书而已。我对他影响实在不大。"但这话又被记者视为"越有成就的人越谦虚"。其实我说的是大实话,比如那个青年作曲家,我又没教他作曲,怎么是我"培养"的呢?至于我学生中后来成为博士、教授和博导的——听说还有正在申报院士的……这样的学术人才那就更多了。但我也不认为他们是我培养的,甚至"参与培养"都谈不上。天才到哪里都是天才——郭沫若不进乐山一中,而进了眉山一中,一样会成为文化大家的;钱学森就读的不是北师大附中,而是南师大附中,一样会成为科学巨匠的。别说我偏激,事实就是这样。

当然,我刚才说我对这些学生"影响实在不大",就说明多少还是有点影响的,只是"不大"。什么影响呢?就是爱的感染,善的引领,童心的保持,做人的导向——这才是教育的根本。孩子的天赋和老师没关系,但人生的走向却和教育有直接的关系。我当然认为上面例子中那些学生是我最优秀的学生,但所谓"最优秀"首先不是因为他们是"业界英雄",而是因为他们保持着善良、宽容、正直、勤奋、诚信、谦逊、平等、向上等品质。我还想说的是,这些品质并不能说是我给他们的,或者说这些品质仅仅是我教育的结果,不不不,不是这样的。我在教他们的几年里,给过他们关于真善美的教育,但这种教育并不是往他们"空荡荡"的大脑中"外加"一些"美好的品质"——"人之初,性本善,"孩子的心灵是纯洁的,也是善良的,哪需要我给他们"灌输美德"呢?因此,我要做的更多是帮助学生保持善良,保持童心,并且随着年龄的增加,将这份善良在不同的领域呈现出来,将这颗童心在更高层次上展现出来。正如苏霍姆林斯基在《要相信孩子》一文中所指出的那样,我们的教育对象的心灵绝不是一块不毛之地,而是一片已经生长着美好思想道德萌芽的肥沃的田地,因此,教师的责任首先在于发现并扶正学生心灵土壤中的每一株幼苗,让它不断壮大,最后排挤掉自己缺点的杂草。

我认为,这就是教育。

任何一个班级,任何一所学校,天才孩子毕竟不多,日后能够成为栋梁之才的学生毕竟是少数,绝大多数的毕业生,将来会成为普通的劳动者。可是这些"大多数",在一些学校的校史陈列馆里,在隆重的校庆典礼上,不会被归入"杰出校友"之列。但在我看来——我愿意再说一遍,只要善良、正直、勤劳,都是我们最优秀的学生!

在拙著《爱心与教育》中,我写到一个叫宁玮的学生,她是我高90届的学生,当年参加高考因差几分落榜,家住农村的她走上了打工的路。20多年来,她先后辗转全国各地,从餐馆端盘子做起,一直到后来自己开了一家小馆子。她每到一地,都以自己的善良受到周围人的尊敬和称赞,因而赢得信任与帮助。她的故事并不曲折,不过就是在一个个普通的日子在每一件事情上自然而然地展现出细微甚至琐碎的善良,但却感动了许多读者。后来,我多次把她作为最优秀的学生请到我的学校、我的班级,让她讲自己的故事,用爱传递爱。

还有一个叫伍建的学生,是我教的第一个班未来班的孩子。当年在班上就学习成绩而言并不优秀,但纯朴、善良、勤劳,而且懂得感恩。因为父亲病逝,他曾经想过辍学回家干农活,但同学们给他们捐款，鼓励他克服困难。在同学们的鼓励下，他留在了班上，并完成了学业。后来他也没考上大学，但他人生的每一步都走得很正。这次聚会，他在回忆自己的30年的经历时说："我打过石头，在冷冻厂分割过猪肉，制过药，做过泥水匠、钢筋工，挑过灰浆，后来在工地上学工地管理，开汽车、装载机、压路机……好像没有一个地方不欢迎我的，因为无论做什么，我始终坚守着善良、勤奋和认真。"让我感到特别亲切的是，他还当过五年乡村代课教师，而且凭着爱心和勤奋，他的教学成绩突出，和学生们结下了深厚的情谊。他说："那时的我，与自己的学生一起笑，一起哭，一起摸爬滚打，在峨眉山顶雪地里和学生一起奔跑，一个班就是一个整体了。为了自己的学生，我不惜与亏待我学生的老师翻脸！其实，我水平有多高呢？但我有爱，而爱让我认真，让我动脑筋去研究，去探索；我传承了李老师的教育方法，包括也给学生读《爱的教育》，还有李老师写的《青春期悄悄话》。最后我成功了，所以收获了类似于我们给予李老师那样的尊重和爱戴！"

关于未来班，还有一件小事让我感动而又惭愧。30周年聚会结束后，同学们商议着编印一本图文并茂的纪念册。这就涉及费用问题，主事者黄杰同学说每个同学平均分摊费用，我则提议，有能力的同学可以多捐一些，困难的同学可以少出甚至不出经费，我还带头表态捐一笔钱。但黄杰说："我和几位同学也谈到过捐助赞助的问题，但我们一致否定了这个想法，因为同学们都是平等的，我们不想在哪怕一件小事上，伤害任何一个同学平等的尊严。"我当即承认我错了，我没想那么深。同时，我为我的学生保持了这么一份纯朴的善良而欣慰。

像宁玮和伍建，以及有着25年当兵经历的黄杰，并没有在媒体中"显赫"过,他们至今默默无闻,可这样的学生就是我最优秀的学生。1994年9月1日,是我所教的高95届1班里黄金涛同学的17岁生日,我在送他的一本书的扉页上写了一首诗。这首诗,代表了我心目中"最优秀的学生"的标准——

    名字也许太普通,
    人格永远不会平凡;
    生活也许很清贫,
    事业永远不会黯淡;
    歌声也许会暂停,
    旋律永远不会中断;
    理想也许还遥远,
    追求永远不会遗憾!

        2014年10月11日于大巴上

编织童话

喷薄的记忆惊涛拍岸

当年未来班的班长何静红打电话来,要我为今年中秋节的未来班聚会写一篇回忆文章,她好编入纪念册。我说:"当然要写,要写的太多太多了。"

好像昨天才把未来班的学生送毕业,但仔细一想,时间已经过去整整30年了。一个风华正茂的大学毕业生,转眼就快退休了。关于未来班,我已经在许多文章和著作里写过,可每次想到它,依然心潮起伏,感慨不已。30年来,教过许多届学生,但未来班,却在我心里占有格外特殊的位置,因为这是我教育生涯的起跑线,是我的许多的"第一次",是我的"唯一",是我的"处女作"。

一

1982年春天,作为"文化大革命"后恢复高考的第一届大学毕业生,我刚过完春节,便背着绿色军用挎包跨进乐山一中的大门。第一堂课是试讲《卖炭翁》,

虽有激情，却很幼稚。中午放学，我回黄家山母亲家，王军、苏德君与我同行。他们一路上和我说说笑笑，俨然是老朋友了。聊了什么当然记不清了，但有一段对话我至今印象深刻。王军问我："李老师，你是不是北京人？"我很纳闷："不是呀！我就是四川人，老家仁寿县。""但是你的普通话说得好，我们就以为你是北京人。"我恍然大悟，笑了："我这普通话，还'说得好'？"两个孩子都说："说得好！"其实我很清楚，不是我的普通话说得好，而是学生根本就不知道什么叫"普通话说得好"，他们可能也没有听过真正的北京人说话，但我明白他们是很真诚的，我也暗暗高兴，这是我得到的来自学生的第一次夸奖。

刚开始我只是上语文课，大概一个多月后，我就接替教体育的冯宗秀老师担任了班主任。据后来冯老师跟我说，当她给学生说是语文李老师当班主任时，学生们纷纷表示不满，因为他们舍不得冯老师，一个叫许艳的小女孩愤愤不平："咋个派一个小娃儿来当我们的班主任哦！"（这是20多年以后她当笑话告诉我的。）我一堂堂小伙子，居然在她眼中不过是一个"小娃儿"！甚至还有学生提出要"罢课"抗议。冯老师跟学生说，人家李老师在大学是高材生，有能力，有才华，等等。学生才勉强没说什么，无可奈何地接受了现实。冯老师确实特别好，几乎是手把手地指导我做班主任，可以说是我班主任工作的启蒙老师。最初那几年，不只是冯老师关心，还有数学王淑媛老师、外语黄世杰老师、物理严永槐老师、化学赵香永老师（赵老师也是我初中的化学老师）、政治张志勤老师、地理刘明俊老师、历史杨耀辉老师、生物游淑芳老师、音乐刘富煜老师、美术毛洪文老师……他们都关心着我这个年轻人。我当时就教育而言，除了激情一无所有——没有教育经验，缺乏教育理论，更谈不上教育智慧和教育艺术……尽管有老教师指导，但人家只能在理念上给予提醒，而每天遇到的具体难题只能靠自己去探索、去琢磨，别人其实是帮不上忙的，也不能指望动辄就"请教"别人。

接下来的日子，忙碌而充实。每天早读、上课、备课、批改作业、找学生谈心……真正是"全身心扑在工作上"，周围的许多老师都说"小李舍得干"。现在完全想不起来当时我是怎样上语文课的，肯定谈不上什么"教学技巧"；而那时的课文本身也味同嚼蜡——什么《梁生宝买稻种》《分马》以及《奔向海陆丰》《纪念白求恩》之类，一点意思都没有。但我却企图想把这些课文讲出点意思，于是我备课相当认真，常常一遍遍地朗读课文，尽量让自己的声音表达出不同人物的不同特点。每篇课文都被我批注得密密麻麻，其教案也密密麻麻写好几大篇。为了及时总结得失，我常常还拎着又笨又重的老式录音机放在讲台上，把我上课的每一句话录下来，晚上在宿舍里重新听一遍，找出问题，并琢磨这里该怎么讲怎么说。作为班主任，那时候我还做了音乐老师和美术老师做的事，比如自己刻印歌单教学生唱歌，比如给学生开音乐讲座，用录音机给他们播放并赏析《梁祝》，比如给学生讲世界名画……那时候，我真的是泡在了班上，泡在了学生中。我每天的作息时间是，早晨一醒来，匆匆洗漱和吃早点后，便走进教室，然后早读，检查清洁卫生，接下来上课、备课、批改学生作业，中午吃完饭便又走进教室，给学生们读小说（多年后，不少学生来看我都说，每天中午是他们当年最神往的时刻）；下午读报课时教学生唱歌，然后又是处理各种班务杂事，包括接待来访家长，下午放学前给学生作小结，放学后或者辅导个别学生，或

编织童话

者留个别学生谈心；傍晚我骑上自行车去家访，路上随便吃碗面，回到母亲家里或学校宿舍，往往已经十点多。我当然很敬业，但显然已经超过了校长规定的工作职责。那时既没奖金也没绩效，夸张一点说，只要我不杀人放火，干多干少干好干坏，每个月的工资一分不少。现在的年轻教师也许会匪夷所思：既然如此，那当年为何如此"不要命"？呵呵，我也说不清楚。能够说清楚的是"不要命"的结果——严重神经衰弱，彻夜难眠，最后不得不住进了医院。失眠不少见，但因为失眠而住院一个月，还打什么封闭针，用今天的话来说，叫"奇葩"。

二

现在我成了一些人眼中的"教育专家"，许多人以为我很早就有"教育理想""使命感"等。不不不，完全不是！一切都是性格与兴趣使然。我的性格还算开朗甚至奔放，我也特别喜欢孩子，在班上做的一切我都觉得好玩儿，一旦投入当然就情不自禁地"刹不住车"了。说到好玩儿，我想到当时我在班上开展了许多活动，丰富多彩——到大佛坝野炊，到通江的河滩上斗鸡，在乌尤寺到大佛寺之间的沙滩上做游戏，骑着自行车去安谷郊游……这些场面都留在了我至今珍藏的老照片里，更印在了我的记忆里。当然，印象最深刻的，莫过于和学生们春节邀约一起去郊外玩了。大年初一睡了懒觉起来，想到约几个学生去玩，我便骑上自行车走街串巷，挨家挨户地把学生们从懒觉中叫醒（那时候一般百姓家连座机都没有，更别说当时想都想不到的手机了）："张海波！""王红川！""周涛！""何静红！""龚驰群！"（因为我现在只保留了他们和我在春节游玩的照片，所以能够记得有他们，其实远不只是他们）乡下的人潮水般地往城里涌，我们逆流而行，往乡下走。你带几节香肠，我带几瓶香槟，他带一块腊肉，一片山坡，一块草地，一丛树林……都可能成为我们流连忘返的乐园。记得有一年，我们站在绵竹镇附近的山坡上，俯瞰山脚公路上进城的老乡们密密麻麻像蚂蚁，很是有趣。然后我们在山坡上摔跤，累了就摆龙门阵。那个时候，虽然安全没有现在强调得这么厉害，但学校对班主任还是有约束的，可我不管，常常打擦边球带学生去玩，也不需要打出诸如"社会调查""爱国教育"之类的"旗号"，就是单纯地玩儿！当然，有时候也不是单纯地玩儿，玩儿中也有爱心。比如有一次我带着同学们徒步了半天赶到乡下伍建同学的家里，给贫困中的他送去同学们为他捐的几十元钱和为他买的小闹钟、热水瓶……30年后的昨天，伍建同学还在QQ群里提到这件事，说："一个热水瓶，一个闹钟，30多元改变我命运的人民币，一生我都记得！"有时候，我们还是得"巧立名目"搞活动，比如在初二的时候，我们就以"十四岁集体生日暨退队纪念"为由在学校外面的岷江边搞了篝火晚会，那天晚上我还朗诵了一首诗《我忘不了这个夜晚》。这首诗的原稿我至今还珍藏着。而我之所以要做这一切，没有什么"理论依据"，也没有什么"教育理念"，就是出于一个朴素的愿望，让我的学生感到"我们班真有趣"，进而让班集体对他们有一种吸引力，当然也让我这个"老师"工作起来觉得开心。

　　是的，最珍贵也最温馨的回忆，还是我们的未来班。关于未来班，我在我的著作中多次写到，每次在外讲学也讲到。在许多老师心中，未来班是一个传奇。其实，在我和许多学生的记忆中，未来班也是一个传奇。是啊，一个班居然有自己的班名、班训、班徽、

编织童话　**211**

班旗、班歌、班史……这在今天实在算不了什么，可在30年前，这样的创意在全国我不敢说是"唯一"，至少是罕见的。现在想起来，的确是传奇。仅仅是一个贴着八分钱邮票的信封，以及信封里饱含真情的信和歌词，我们居然就请动了大名鼎鼎的作曲家谷建芬老师为我们的班歌谱曲——据我所知，这是谷建芬老师唯一为一个班的孩子创作歌曲。我们班真的很棒，有一种发自全班每一个同学内心的凝聚力，同学们都非常热爱我们的班集体。彭霞、姜茹、王琦、韩军、周涛等我这时即兴想起的名字，当年在班上只是普通同学，可他们热爱集体、热心班务的精神真是火辣辣的。当然远不止是这几个同学，可以说全班同学都把未来班当作自己温暖的大家庭。运动会、歌咏比赛、壁报比赛，当然还有万万不可缺少的考试成绩……我们的未来班获得了一个又一个的荣誉！我们还做了许多用今天的话来说很"正能量"的事，比如我给学生读完小说《红岩》之后，我们利用星期天拾废品，然后将所卖的钱全部给重庆渣滓洞烈士纪念馆寄去了，用于修建歌乐山革命烈士群雕。我记得当时所有捐款也就几十元钱，今天看来微不足道，但当时也算是一笔不小的数目，在汇款时我写的署名是"献给先烈的五十三颗爱心和童心"。在未来班成立大会上，我们收到家长的一笔表示祝贺的礼金，全班同学当即决定将这笔钱捐给北京圆明园修复工程，因为我们刚看了电影《火烧圆明园》。也是在未来班的成立大会上，同学们演出了由付饶、陈晓梅等同学创作的三幕小话剧《相会在未来》，畅想我们的未来。这个剧本的原稿，如今就在我校的"镇西资料馆"里默默地陈列着，无声地诉说着昨天的故事。1984年8月，《中国青年报》发表了有关未来班的报道《今天的分别是为了明天的相会》——"明天的相会"不就是我们今年的30周年聚会吗？

三

当年，不止一次有老师对我说："小李啊，你这样教育出来的学生，太善良，以后进入社会是会吃亏的。"当时我真是不知如何回答，因为我无法断定他们以后"不吃亏"，毕竟我的教育生涯才刚刚开始，谁给我证明这一点呢？但我在心里想，培养孩子们的善良没错啊，我总不能培养野兽吧？前年，崔永元请我去央视的《小崔说事》讲故事，我带去的现在的学生当场唱了未来班的班歌《唱着歌儿向未来》。第二天，我的博客上出现了这样的留言："我是李镇西老师84届未来班的一员，昨日含泪看完了《小崔说事》，未来班的班歌还在传唱，未来班的精神还在发扬。这是老师给我们的精神财富。记得当时毕业时有同学问李老师：你这样培养出来的我们能不能适应社会？现在我以我的经历现身回答：能，我是能适应社会的，而且如同老师所希望的那样——正直、勤奋、向上。我做到了。"当时我不知道这是谁的留言，但我的眼睛湿润了。30年后，我的学生站出来为我证明了："我是能适应社会的"！而留言中的"正直""勤奋"正是未来班当年的班训。后来我联系上了这位网友，她叫李志英，是当年未来班一位很可爱的小姑娘。其实，以今天的眼光来看，未来班很是"小儿科"，也有很多值得反思的地方——这在我的《走进心灵》一书中有专门的剖析，但这是我的学生们童心的印记，也是当年我青春的足迹。不管它有多么不成熟甚至"可笑"，它都是我教育的第一首稚嫩而纯真的诗篇。

说实话，我那时候还比较"正统"，比如给学生读的书是《青春万岁》《青春之歌》《烈火金刚》《红岩》《钢铁是怎样炼成的》《可爱的中国》《绞刑架下的报告》；教的歌是《绿色的祖国》《我们的田野》《五月的鲜花》《年轻的朋友来相会》《我们多么幸福》《少年，少年，祖国的春天》，甚至《太行山上》《华沙革命歌》等"成人歌曲"；我们教室的上方是一行醒目的大字——"先烈时刻注视着我们"，黑板旁边曾贴过保尔·柯察金的画像和毛岸英的名言……但这是我教育的"青春期"，一切都是自然而纯真的。尽管随着时间的推移和实践的深入，我的精神世界后来发生了很大的变化，但"忠实于少年时代的友爱、热情和誓言，这是人生最严肃的事情"——不管后来我对王蒙有了怎样新的认识与看法，他这句当年贴在我班教室墙上的话，今天依然让我有一种庄严感。

四

不得不惭愧地承认，我当时在这个班犯了不少错误。因为年轻，也因为性格，我急躁，有时甚至还很粗暴。我倒是没打过我班上的学生，但我对犯错误的学生喜欢骂、习惯吼，我感觉我应该常常是很凶狠的样子。特别是对周一、李松等一些比较顽皮的学生，我的态度更是"穷凶极恶"。写到这里，我的眼前突然浮现出我歇斯底里痛骂瘦弱矮小的冉民时，他脸上害怕而无助的表情，还有他那双惊恐的满含泪水的小眼睛。有一次我还把周一骂得狗血喷头，他哭得很伤心，一边哭一边嚷嚷着要叫人来打我。当然，从理论上讲，对于犯了错误的学生，老师严厉批评也是应该的，但我有时候是伤了学生的自尊心的。何况，有的学生属于比较乖的——至少绝对不是顽劣孩子，可他们犯错误我照样毫不留情。记得有一次付饶犯了一点小错，我就大声呵斥她，并要她写成大字检讨贴在学校大门上！还有一次耿梅做课间操不认真——多大一点事儿啊，我站在操场边大声呵斥她，不给她一点面子；后来甚至还骂她"不要脸皮太厚"！今天想起来，实在太过分了，太过分了！这些还只是我现在能够想起的，肯定还有许多类似的错误我已经忘记了。今天，我要在这里向当年被我伤害过自尊心的同学真诚地说一声："对不起，请原谅李老师的年轻与冲动！"

其实我知道，完全用不着我请同学们原谅我，因为孩子的心胸总是比大人宽阔。我犯了那么多的错误，可他们对我那么好！刚参加工作不会用嗓子，不久我的声音就嘶哑了，下班回宿舍，门缝下塞着一包药，还有一张纸条："李老师，保重嗓子！"第二天我到班上去问是哪个同学给我送的药，全班同学没有一个承认，但都睁着亮晶晶的眼睛对着我笑，好像大家都知道这个秘密，但唯独对李老师保密。我因失眠而住院前一天，许艳、毛利、黄慧萍、杨红、耿梅等几个女生在我宿舍里哭着说："是我们不听话把李老师气病了。"后来他们给我唱歌，并要我用录音机录下来，说"你在医院想我们的时候就可以听听"，告别时又说李老师养病期间她们一定好好学习。我在医院里，一群学生突然出现在眼前，带来了全班同学对我的祝福，并约我去峨眉山；第二天，我真的偷偷溜出了医院，和学生们去峨眉山玩了一天，当天晚上回到医院睡得相当好。还有一年元旦的早晨，我打开门，门外放着一束鲜花，还有一张纸条："祝老师新年快乐！"署名是"付饶"。这样的例子太多太多。十多年后我写《爱心与教育》时，不但把这些故事写了出来，而且特别声明："很多老师都觉得我对我的学生很好，可他们不知道，我的学生对我有多么好！我是在还债啊，是在还感情的债！"

五

还特别怀念那时候我和学生家长之间的纯净关系。那时候不兴送礼，也没有任何人为了要我"关照"其孩子而给我送这送那或请我"吃顿便饭"，我和学生家长之间真正是恬淡如水的"君子之交"。这样说，并不意味着当年的学生家长没有人情味，不，他们对我也很好。记得我出院后，汪斌的爸爸给我送来一篮鸡蛋，我怎么推也推不掉。于是从第二天起，每天课间操时我都拿一颗煮熟的鸡蛋给汪斌："这是你爸爸托我给你煮的鸡蛋，快趁热吃了！"有一天下午放学后我留下马庆做了些事（具体什么事我忘记了），天色已晚，我便骑自行车送他回家。到了马庆家里，他爸爸给我煮了一碗面条，我只好吃了，第二天我给了马庆三毛四分钱和四两粮票，请他带回家交给他爸爸，大有当年红军"不拿群众一针一线"的风范。但后来，他爸爸见了我好像明显不如过去热情了。我知道我有些过分，有些不讲人情，伤了马庆爸爸的心。其实，更多的时候家长对我的好，我是没法还的。记得那年暑假，我骑车去文丽家家访，她住在通江乡下。那天天气酷热，空气好像着了火，我满头大汗一进屋，她妈妈就搬来凳子让我坐，还递给我扇子要我扇。我和文丽爸爸聊着，不一会儿文丽妈妈从里屋出来，端给我一碗热腾腾的糖水荷包蛋！我真是感动啊！这次我汲取前次去马庆家的教训，没有托文丽"补钱"了，但这碗荷包蛋我一直记着，至今还温暖着我的心。

学生家长们对我的关心当然远远不只是一篮鸡蛋、一碗面条和一碗糖水荷包蛋，还有对我的宽容。我，一个刚毕业的大学生，一个什么都不懂的小伙子，无论上课还是带班都没经验，还犯了那么多的错误，可这些比我大20岁的大哥大姐或者说长辈，就是那么放心地把孩子交给我，让我"实验"。虽然是学校安排我做他们孩子的语文老师和班主任的，他们无法自主选择老师，但如果放到现在，他们可以闹，可以要求换老师啊！但直到这个班毕业，没有一位家长"投诉"或"举报"我，一个都没有！相反，他们以各种方式参与我的教育和班级建设。记得未来班成立大会的前一个星期，我请家长们以自己年轻时代的经历为内容，给孩子们写一封信，几乎全班同学的家长都写了，每一封信都写得那么认真，读起来都那么感人。毕业前夕，我决定为学生们编一本取名为《未来》（王薇同学题写的书名）的班级史册。现在，班主任为班级编一本书的事已经不新鲜，许多学校许多班都编印过这样的书，现在的出版条件和印刷工艺也很先进了。可在30年前，这却是一项艰巨的工程，因为那时候是靠在钢板上刻蜡纸完成"排版"，然后靠推滚筒油印完成"印刷"，最后靠手工装订成册。我一个人的力量显然是无法完成的，于是我动员我的女朋友也就是后来的妻子帮我刻蜡纸，还有高虹、龚驰群、成丹烈、陈建等同学利用午休时间刻写了大量蜡纸，但这样人手还不够，于是，许多家长自告奋勇加入了刻蜡纸的行列，张海波同学的爸爸张树槐同志帮忙刻写了全部家长来信！周一同学的爸爸周文华同志还将部分文稿拿到他的单位用打字机打印——这在当时，是很先进的技术了！今天，我们读着这本《未来》中的文字，也许会为激情而骄傲，也许会为幼稚而害羞，但青春无须脸红，纯真永远自豪。

现在，未来班的孩子已经四十五六岁了，比他们爸爸妈妈当年的年龄还大，而他们的爸爸妈妈如今已经七八十岁，岁月悠悠，我到哪里去感谢这些当年理解我、宽容我、支持我的大哥大姐们呢？

六

　　30年来，不断有同行说他们也曾经"理想"过、"投入"过，但时间一长便日渐消沉，他们奇怪我为何一直"激情燃烧"。我的一位好朋友给我发微信，说"敬重"我"善良"与"纯真"，而且能够保持到现在。我回复她："我经常在想，现在我常被人看作有光环的'专家'，但我自己是否保持着当年原始而质朴的纯真？善良纯真，同时又敏锐犀利——我希望自己保持这种状态。我反正一无所求，既不想当官，也没想过往上爬，所以无所谓。其实，做人放下面具，不要装，就可以了。"这是我的心里话。

　　一想起未来班，我就有说不完的话，故事鲜活水灵，细节历历在目。这篇文章真不是刻意写的，完全就是任喷薄的记忆惊涛拍岸，浩浩荡荡，一泻千里。近年来随着年龄的增长，我记性渐弱，几年前教过的学生来看我，有时候我竟然叫不出名字了。但对未来班的学生，尽管有的一毕业我就没见过，但看到照片我依然能够一点磕巴都不打地说出每一个人的名字。去年几个学生聚会，就说"明年应该搞一个30年纪念活动"。今年春节期间，乐山的十多个学生还开了筹备会，推举何静红、吴蔚、黄杰等人负责前期筹备工作。前几天，他们在QQ上发布了活动方案，把活动时间定在中秋节小长假，即9月6日至8日。中秋节是家人团圆的日子，而今年的中秋节则是我们未来班团圆的日子。黄杰还设计了新的班徽，并制作了未来班聚会的文化衫，上面有每一个同学当年的肖像照，并有一行字："三十年，我们一起走过……"我建议改为："三十年，我们一起走进'未来'……"是呀，30年前，我们用"未来"命名自己的班，那时候的未来多么遥远；30年后，我们已经走进当年所憧憬的"未来"了；而且我们正继续把憧憬的目光投向新的"未来"……

2014年8月7日0时45分写毕

（本文从傍晚写到深夜，从深夜写到子夜。我写一段就发一段到未来班的QQ群里。伍建同学、张红霞同学和姜茹同学，一边先睹为快，一边在QQ群里发表感慨。伍建说："老师，您是我一生中对我影响最大的人！"张红霞说："呵呵，您也是所有老师里我最佩服敬重的！"姜茹说："李老师，您回忆的过往的点点滴滴，我们都铭记在心。""我亲爱的老师，请允许我这样称呼您，您的文章我已拜读，仿佛回到了1984年，我和我的朋友们一直在这里等您。"说实话，本来十点多我就想休息了，想明天再写，但一想到学生们正看着我，盼着读，我便有了动力，直到我写完最后一个字，而姜茹和张红霞居然一直陪伴着我，见证着我这篇文字的诞生。）

青春可以万岁

一

临行前夕——2014年9月5日晚上,我一直忙到12点多。我找出孩子们当年的照片——说实话,论辈分我当然有资格叫他们"孩子们",何况当年这些十二三岁的学生,不是"孩子"是什么,但我从感情上觉得叫"孩子们"很别扭,不但因为我们年龄相差并不悬殊,而且我从来就把他们当作我的弟弟妹妹。这些照片已经泛黄,因此便有了一种沧桑感。我还找出了我给他们读过的《青春万岁》《红岩》,还有谷建芬老师当年的来信和歌谱,还有当年在未来班成立大会上同学们创作的三幕小话剧《相会在未来》,还有我给他们刻印的歌单……这些"文物"保存着我最初的教育温度,也记录着我和学生共同的记忆。

然后,我躺在床上,期待着"这一刻"。

这一刻,我们期待了半年——春节期间,未来班的一群同学在乐山一个茶馆商量未来班毕业30周年纪念活动事宜，还成立了筹备委员会。我们把聚会的日子定在中秋节小长假期间。

这一刻，我们期待了30年。1984年7月，我的第一个班毕业了，我们曾用"未来"为自己的班命名表达了我们的憧憬。从少年到青年，从青年到中年，而我正在走向老年，但我们心中的约定一直没变。今天，"未来"终于来了。

二

9月6日中午，我开车抵达乐山。

聚会地点在郊外的金鹰山庄。定于下午四点举行联谊会，可我三点钟到达时，已经来了许多学生。尽管许多学生近几年也经常见到，但今天相逢依然有一种惊喜。还有几位毕业后我就从来没有见过的，比如李松、王晓松，还有从新加坡回来的成丹烈……

见到李松我非常惊喜，但也很内疚，因为当年他是我批评得最厉害的一个。我说："李松，李老师当年爱批评你，还记恨李老师吧？"他笑了："记恨倒没有，但确实心里很怕你，直到这次我要来参加这次聚会，想到要见李老师，我心里都还有点怕呢！"李松的语气半开玩笑半认真，但我听出了认真的部分，我当年的确对他太狠了。虽然我现在想不起来我怎样对他"狠"，但根据我那时的性情和风格，批评他的话一定非常刻薄，很伤他的自尊心。我说："真不好意思，让你至今心有余悸啊！"

当年和我搭班的科任老师几乎都来齐了：冯宗秀老师、王淑媛老师、严永槐老师、黄世杰老师、刘富煜老师、赵香永老师、杨耀辉老师，还有赵香永老师的老伴邓大年老师。

每一个人——无论是同学还是老师，胸前都佩戴着未来班的班徽。今天的活动由许艳主持："在这爽朗明净的金秋时节，我们相聚在美丽的金鹰山庄，首先我谨代表本次同学会筹备组，向莅临本次同学会，曾辛勤培育过我们的各位老师表示最衷心的感谢！向应邀前来的各位同学，特别是远道而来的外地同学，表示最热烈的欢迎！"热烈的掌声，表达着大家的激动。

"岁月如歌，时光荏苒，在依依惜别30年后的今天，乐山一中初84届1班的同学和曾执教我们的老师，再度牵手相依，重温昔日的同窗之情。"当年活泼可爱的小姑娘虽然已步入中年，但言谈之间依然纯真。30年过去了，她的声音依然同当年向谷建芬老师表达感激之情时一样清澈透明。"曾经在初84届1班这个平凡的集体中，我们有缘相识、相知，共同度过了成长岁月中最天真纯洁的三年时光，我们曾一起学习、劳动和歌唱……在我们班主任李老师的带领下，我们班还拥有一个响亮的名字——未来班！老师的精心培育和丰富多彩的学习生活，曾让我们为身为未来班的一员而感到无上荣耀。此刻，让我们随着大屏幕去追忆重温那一张张熟悉而温暖的脸庞……"

接着播放的是黄杰制作的一段视频，时间不长，只有两分多钟，却一下攫住了每一个人的心：灰黄的底色，低沉的音乐，一张张老照片徐徐跃出，又缓缓飘走，如同时光在不知不觉中细细地流淌。"时光荏苒，岁月如歌，30年转瞬即逝，30年沧海桑田……30年再相逢，多少次心驰神往。今天我们回来了，带着祝福与思念而来，圆一个心中最无瑕的梦想！"字幕无声地淡入又淡出，却敲打着我们每一个人的心灵。我们一下子回到了30年前。

视频结束，全场沉默。然后掌声如雷。

三

许艳请老师们讲话。

冯宗秀老师第一个发表感言。她首先祝大家身体健康,她特别强调身体的重要性。然后她说见到同学们很高兴,很激动,谢谢同学们。说着说着,她哽咽了,开始擦拭眼泪。冯老师特别善良,对同学们特别好,当年对我也特别好,是她手把手教我当班主任。所以,我和同学们都给她以热烈的掌声,表达我们的敬意。

刘富煜老师教音乐,三句话不离本行,他说:"未来班是在音乐声中成长起来的,你们的李老师很注重音乐,谷建芬阿姨为你们谱班歌,你们真是幸运!李老师现在是全国著名的教育家,他最早就是从你们这个班开始创新的。"这几句话说得我真的不好意思,但我很感动。刘老师高歌一曲他创作的《乐山乐水》结束他的发言。

黄世杰老师说:"你们在我心目中有特殊的意义,因为你们是我教过的唯一的初中班,你们毕业后,我就一直教高中。你们遇到班主任李老师是你们的幸运,他特别有心,保留了你们那么多的资料,真的是用心在从事教育,在教你们。"他说完后,我不得不说:"你过奖了,其实,同学们遇到你,才是幸运,因为黄老师是我们学校最优秀的英语老师!"

赵香永老师是化学老师,非常温和慈祥,她站起来真诚地祝各位同学事业有成,佳节快乐,身体健康。我说:"赵老师也是我老师呢!当年我读初中,赵老师也教我化学。所以,我对赵老师一直怀有感恩之情。你们要叫赵老师'师祖'呢!"

杨耀辉老师是历史老师,他身体不太好,耳朵有些不好使了,但今天依然颤巍巍地来了。他感谢同学们邀请自己参加这个聚会，说"我们是先后同学呢，因为我也是乐山一中毕业的学生"，他祝福大家中秋快乐。

王淑媛老师当年教数学，她首先说："我知道当年我对同学们有些凶……"同学们说："没有没有，您是严格要求我们呢！"她当年的确对同学们很严格，正因为如此我们班的数学成绩不错。她把话题集中在我身上，说我如何认真负责，有激情，善于思考和创造，等等。她还说："李老师对每一个同学都很好，不因学生的学习成绩而有所偏心，他对大家的爱是一视同仁的，是平等的。"王老师的丈夫严永槐老师教这个班的物理，讲话时也一个劲儿地夸大家，说他参加过好多学生聚会，无非就是吃吃饭、唱唱歌，而我们这个班的聚会组织得这么有意义，他很感动。他说："李老师教的班总是那么有凝聚力。"我说："严老师当年是我们的年级主任，对我们班和我都很关照。我和王老师、严老师除了同事关系，还有一个关系，就是邻居关系。当年我的单身宿舍就在他们隔壁，仅一墙之隔啊，有时候我吃面没醋没酱油，就去王老师家要，真是感谢王老师和严老师啊！"同学们都笑了。

我的老朋友、乐山市更生学校校长阮平应邀前来参加我们的活动，他也发言，说当年他一直关注着未来班，今天来参加这个聚会很高兴，他向同学们表示祝福。

四

轮到我发言了。我首先说："刚才刘老师说到谷建芬老师给我们谱班歌的事，同学们还记得我们的班歌吗？好，全体同学起立，我们一起重唱我们的班歌。"我打开班歌的视频，随着视频的播放，我们唱起了《唱着歌儿向未来》："蓝天高，雁飞来，青青松树排成排……"30年了，班歌再次嘹亮，我们再次心潮起伏。这是我们青春的旋律，是我们生命的音符。

班歌唱完了，我说："今天，我想说'三个感谢'。第一，感谢在座的老师们，你们当年和我搭班，对我的支持，我永远铭记。未来班其实是我们共同的创造。第二，我要感谢同学们，当年我一个大学毕业生，除了激情什么都不懂，简单急躁，犯了不少错误，可你们对我那么宽容。尤其是当年的调皮学生，比如李松、周一，我当年对你们的确太粗暴了，请你们原谅李老师！第三，我要感谢同学们的爸爸妈妈当年对我的工作也非常支持，他们就那么放心地把你们交给一个没有任何经验的年轻人，现在想起来，真是让我感动！"最后，我说："同学们，我很少问你们是做什么的。也许你们的职业不同、收入不同，或者以世俗的眼光看，你们之间的所谓'社会地位'也有所不同，也许有的是局长或其他什么长，有的是普通劳动者。但我不想知道这些，因为在我的心目中，只要你善良、正直、勤劳，你就是我最优秀也最令我自豪的学生！"这是我今天给学生说的最重要的一段话。

五

由于种种原因未能到场的毛加庆、付饶、陈峥、李志英和龚驰群，发来电子信件表达歉意和祝福。我将他们的信制作成PPT，并配上他们少年时的照片。我和许艳给大家朗读了他们的来信。

毛加庆的信言简意赅——

李老师，在浙江考察，信号极差。因公务不能参加班级聚会，十分抱歉。祝活动圆满成功，欢迎大家到全国休闲农业与乡村旅游示范县武胜！

毛加庆

2014年9月6日

　　同学们对毛加庆的来信报以热烈的掌声。毛加庆当年是班上个子最高的男生，很热爱班集体。现在公务在身，不能前来，大家都能理解。

　　付饶的信寓意深长——

　　李老师好！

　　乐山一中初84届1班毕业30周年聚会我虽然不能参加，但是师恩难忘，当年的同学情谊亦历历在目。请原谅我不善言辞，借用杨绛先生的话致大家："我们曾如此渴望命运的波澜，到最后才发现：人生最曼妙的风景，竟是内心的淡定与从容；我们曾如此期盼外界的认可，到最后才知道：世界是自己的，与他人毫无关系。"

　　祝我尊敬的老师和亲爱的同学：佳节愉快！

付　饶

2014年9月5日

　　付饶当年在班上是年龄最小的同学之一，而且是独生女——那个年代，独生子不多，同学们大多都有兄弟姐妹，所以付饶有些"特别"。不过这里的"特别"只是就她年龄小并且是独生女而言，其他方面她没什么"特别"的。不,还是有点特别,就是付饶作文写得好,文字间有一种和她年龄不太相称的思考。当一般的同学还在天真烂漫地抒情的时候,我们的付饶已经在作文里表现出思想者——至少是思考者的素质啦!

这封信也是如此,语言不多,却耐人咀嚼。同学们都为远方付饶的来信而鼓掌。

同样热烈的掌声之后,我展示陈峥同学的来信。远在美国的陈峥,早就说好要回来的,但临上飞机时,却被告知没有办中国签证!她已经加入外国籍,但始终在潜意识里觉得自己还是中国人,既然是中国人当然不用办中国签证。这可急坏了她。她特意发来电子信件——

乐山一中未来班的同学们以及李老师:

大家好!非常遗憾不能准时地赶到相聚 30 年的聚会现场。在这里向李老师和同学们致以诚挚的问候。祝大家中秋快乐!也祝大家在花好月圆的日子里相聚开心,畅述当年校园里青涩的我们的点点滴滴,以及 30 年的人生旅途的酸甜苦辣。人生没有几个 30 年。且行且珍惜吧!

我只是在乐山一中读了初一,由于父母工作的关系,初二时转学去了南京。大家一定不记得我长什么模样了吧。到时猜一猜。我于 2001 年跨出国门,现在定居在美国洛杉矶。

在这里我向大家解释一下,我今天(2014 年 9 月 6 日)不能赶到聚会现场的原因。大约半年前,李老师告诉我未来班会有一个相识 30 年的聚会。我很早就预订了回成都的机票。怀着一颗期待的心,一直等着,盼着……结果"临门一脚射偏了"。

当美国航空洛杉矶的工作人员告诉我，我的护照上没有"中国签证"，是不能登机的，中国不办理落地签证，我傻了……由于我的工作在暑期超级繁忙的关系，我忽略了需要去中领馆办理"中国签证"。在国外多年，虽然为了生活方便早就加入了外国籍，但是骨子里从来都认为自己永远是中国人，真的从没有把自己当老外。所以真的容易忘呀。

之后我决定第二天去中领馆做加急签证，然后千方百计地打电话改票，试了从日本转机、韩国转机等各种途径，均无合适的机票。最后，还是把机票改成了从旧金山飞成都，9月7日晚上6:40到成都双流机场。9月8日如果还有在乐山的同学，我们午餐时间见哦。我想请大家，给我一个机会让我"将功赎罪"哦！

如果你还有时间，我们9月8日乐山见喽！

陈 峥
2014年9月5日

读完这封信，我又读了陈峥几个小时前给我发的微信——

我终于拿到中国签证了！本来最早也只能是下周一取。后来我通过一些渠道找了中领馆驻洛杉矶的领导，终于特批了。今天两小时取到了签证。我的航班号：UA9；到达成都双流机场的时间：9月7日晚上6:40。我表弟会去双流机场把我接到乐山的。所以9月8日的中午聚会应该没有问题了。谢谢李老师关心！乐山见！

同学们都被陈峥感动了。我说:"陈峥在我们班只待过短暂的时间,我只教了她一年,她就随父母工作调动转学去了南京。但她一直惦记着我们班,一直和我保持着联系。"我通过PPT给同学们展示了陈峥当年的照片——真是一个天真无邪的小姑娘,还有她保存的未来班的纪念册和我的照片以及她读高中后给我写的信等。

　　李志英的来信也特别让人感动,她不但来信,而且还托陈晓梅同学给大家带来一个大蛋糕。她写道——

初84届1班的老师们、各位小伙伴们:

　　请让我再回到那纯真的中学时代给你们写这封信,故如此称呼你们。

　　原本计划回去同你们团聚的,原本打算回去亲自做些甜品和蛋糕给大家吃的。但还是没能回去。所以,以此信表示我的歉意。

　　我从小是个吃货,中学时代一直是胖乎乎的,所以脑子里满满的都是吃的记忆:每天中午12点的下课铃声响起,我们就如欢快的鸟儿一样飞向食堂;至今还记得李老师家美味的金钩月饼、吴蔚外婆煮的阴米子稀饭、晓梅家的糖醋排骨、王琦妈妈做的红薯萨其马、付饶爸爸做的碗一样大的汤圆,还有姜茹爸爸做的细如发丝的凉拌萝卜丝。记得当时姜茹爸爸端着满满一盆洁白的凉拌萝卜丝请邻居们一一品尝,这个温馨的场面一直留在我的脑海里。多年以后,我试着做姜茹爸爸那细如发丝、洁白的凉拌萝卜丝,做出来的总不是记忆中的味儿……谢谢大家带给我这么多温馨的记忆,让我至今难以忘怀。

　　现在已为人妻、为人母的我一样是个吃货,只是不再胖了。我已学会了养生,已学会做好些中西餐了,也学会了做各种蛋糕（黑森林、提拉米苏、抹茶蛋糕……），还有其他各种甜品（焦糖布丁、葡式蛋挞、珍珠奶茶……），当然，还有四川的担担面、水煮鱼，只是记忆中的乐山豆腐脑还是做得不地道。

还记得当年全班同学给我过生日，我当时站在讲台上哭得稀里哗啦的。30多年过去了，每每想到这一幕，我依然泪如雨下。

此次，我托晓梅给大家订的也是吃的——蛋糕，并取名为："未来"。请不喜欢吃甜食的男生也尝一尝。

点点的烛光中，我在诚挚地祈福：祝老师们、小伙伴们身体健康，也希望我们每一个人都拥有甜蜜的现在和未来！

初84届1班　李志英
2014年9月2日于广州

许艳在朗读李志英的信时，大家都被感动了。屏幕上呈现出当年的小姑娘李志英，脸蛋圆圆的，眼睛笑眯眯的。当年她是为数不多的住校生，生活自理能力很强，性格文静，不多言不多语，但很有内涵。李志英的来信，勾起了大家对她亲切的回忆。

龚驰群的信，是我朗读的。读之前我说："这封信是一篇散文，朴实无华，真情实感！"同学们静静地听我读信——

亲爱的未来班的老师和同学们：

当我这样写着的时候，我的脑海里清晰地浮现出你们的脸庞：班主任李镇西老师、语文周长富老师、英文黄世杰老师、数学王淑媛老师、物理严永槐老师、化学赵香永老师、地理刘明俊老师、历史杨耀辉老师、体育冯宗秀老师、音乐刘富煜老师……还有每一个同学的笑脸；浮现出李老师每天给我们念《爱的教育》《青春万岁》《红岩》的样子,黄世杰老师利用午休时间给每个同学补习英文音标的样子,初一时高虹、李松、王晓松和我代表全班参加年级百科知识竞赛取得第一名的场景,初二的夏天全班最后一次佩戴红领巾告别少年时代并举行篝火晚会的情形,参加全校歌咏比赛时我们全班同学一起高歌《少年,少年,祖国的春天》《在太行山上》的情形……

记得有一年寒假,大年初一上午,班长何静红突然来我家敲门,说李老师和吕老师(这个好像是师范学校的老师)叫我们一起出去放鞭炮。然后我们加上王红川和周涛师生6人一起到岷江河对岸的青山上,兴高采烈地放鞭炮庆祝新年的到来,还专门带了相机照了相。现在想来,当初李老师的年纪其实比我们也大不了多少,骨子里也就是个大孩子吧,既是我们的师长,更像我们的兄长。我那时候热衷于集邮,常常周末跑去李老师家里玩,肆无忌惮地翻李老师的集邮册,还要求他把多余的邮票送给我,也因此得以见过李老师的妈妈,是非常温和慈祥的长辈。

还有教历史的杨老师,教语文的周老师,都待学生非常亲切。杨老师的家就在教学楼的旁边,我中午在学校食堂买了午饭,常常端着饭盒去杨老师家里吃,和他女儿一起玩;周老师也是,随时都是笑眯眯的模样,放学时偶尔遇上下大雨,我就会去周老师家借雨伞。

还有很多很多这种温馨的记忆,关于各位老师的,关于各位同学的,无法一一描述了……

30年,的确是一段漫长的岁月,但我觉得,过去的日子从未真正远离。过去的点点滴滴,那些珍贵的片段,如同一粒粒珍珠，藏在记忆的贝壳中，越被岁月的大海冲刷，越激发出温润的光芒。

是谁说英文没有灵魂？Classmate，同一个班级的伴侣，这样表达的涵义似乎远比中文"同学"来得深刻。我们曾在青春年少时相遇，并肩行走过一段路程，我们曾相互鼓励，共同奋进，也许我们今后的人生旅程不曾重叠，我们所能做到的也仅是努力追求各自心中的梦和光明，但当我们仰望星空时，我们的心是辽阔而透明的。

最后，想用王蒙《青春万岁》的序诗来结束我的信。请李老师来念吧，一如过去：

> 所有的日子，所有的日子都来吧，
> 让我编织你们，用青春的金线，
> 和幸福的璎珞，编织你们。
> 有那小船上的歌笑，月下校园的欢舞，
> 细雨蒙蒙里踏青，初雪的早晨行军，
> 还有热烈的争论，跃动的、温暖的心……
> 是转眼过去的日子，也是充满遐想的日子，
> 纷纷的心愿迷离，像春天的雨，
> 我们有时间，有力量，有燃烧的信念，
> 我们渴望生活，渴望在天上飞。
> 是单纯的日子，也是多变的日子，
> 浩大的世界，样样叫我们好惊奇，
> 从来都兴高采烈，从来不淡漠，
> 眼泪，欢笑，深思，全是第一次。

所有的日子都去吧，都去吧，
在生活中我快乐地向前，
多沉重的担子，我不会发软，
多严峻的战斗，我不会丢脸，
有一天，擦完了枪，擦完了机器，擦完了汗，
我想念你们，招呼你们，
并且怀着骄傲，注视你们。

未来班学生　龚驰群
2014 年 9 月 5 日

龚驰群的信，再次把我们带到了过去，带回了青春时代。最后的诗是我和许艳一起朗读的。当最后一行诗句读完，屏幕上显出了龚驰群当年可爱的小姑娘形象，纯真无比。同学们情不自禁地热烈鼓掌，表达着内心的激动。

六

接下来，我播放了特意为这次活动制作的一个视频，内容是通过老照片来回顾 30 年前。视频的配乐全是当年未来班所唱过的歌曲：《唱着歌儿向未来》《少年，少年，祖国的春天》《校园的早晨》《年轻的朋友来相会》……

视频一开始，便是未来班班歌的歌词："蓝天高，雁飞来，青青松树排成排，我们携手又并肩，唱着歌儿向未来……"然后由远及近展示出当年的全班合影。接下来，是"让我们重拾温馨的记忆，回望那些年我们留下的倩影……"这些倩影包括同学们的郊外野炊、江边嬉戏、歌咏比赛、课外活动等。历史依然鲜活，往事并不如烟。随着"纯真岁月，花季少年……"字幕的出现，同学们的毕业单人照一一推出，黑白照片上的十五六岁的同学们纯真幼稚，特别可爱。"人生如歌，我们已走过三十年"展示的是毕业以后的照片，同学们在不知不觉中长大。最后，在"童心不泯，青春万岁"之后，又是同学们当年的合影。我们在感慨的同时，把憧憬的目光投向未来……

又一次荡气回肠的心灵冲撞，又一次沉默之后的掌声雷鸣……

我说："前年春天，我在收拾书房的时候，从书橱的深处掏出一盒老式磁带，是什么声音呢？想听听，可没那样的录音机了，于是我拿到学校请电教老师帮我设法把声音弄出来。几天后，电教老师给了我一个优盘，我将它插进我的笔记本，于是听到了这样的声音——"

我的笔记本传出了一个清澈悦耳的童声，大家都听出来了，这是许艳当时的声音："亲爱的谷阿姨，您好！代问王健阿姨好！您为我们谱的班歌，我们于12月19日收到了，全班同学非常高兴，也非常感谢您和王健阿姨！为了表达我们的心意，此刻，我们全班同学正在教室里，对着录音机，准备在我们李老师的指挥下给您唱几支歌。虽然我们唱得不好，又没乐器伴奏，但我们唱的每一支歌，都包含了我们全体未来班的同学对您，亲爱的谷阿姨，还有王阿姨的感激和敬意！我们每一个同学都相信，虽然相隔千里，但这朴素而发自肺腑的歌声，会把我们连在一起。谷阿姨，现在就请您听，您为我们谱写的班歌《唱着歌儿向未来》，由李老师口琴伴奏。我们唱得不好，请您原谅！"

"蓝天高，雁飞来，青青松树排成排……""我们欢乐的笑脸，比那春天的花朵还要鲜艳……""五月的鲜花开遍了原野，鲜花掩盖着志士的鲜血……"一首又一首歌，从笔记本里传出，响彻会议大厅，响在每一个人的耳畔。同学们听到了30年前自己的声音，心灵再次受到震撼。

七

我拿起一叠发黄的纸说："大家看，这是什么？这是当年未来班成立大会上，陈晓梅、付饶等同学创作的三幕话剧剧本《相会在未来》，这上面有陈晓梅的字迹，有付饶的字迹，还有我修改的痕迹。昨天晚上我仔细看了看，虽然从艺术的角度讲还比较粗糙，但表达了同学们当年对未来真诚的憧憬。剧本表现的是未来班毕业25年后的2008年大家聚会的情景。"

大家非常惊讶。我继续说："我随便念念人物表：马庆，清洁工人；王晓松，摄影家；刘大庆，邮递员；许艳，歌唱演员；毛利，农艺师；田晓敏，医生；王薇，邮票设计家；陈建，木工……"我一边念，同学们一边哈哈大笑。

我又说："有一个非常奇妙的巧合呢！剧本设计了一个情节，李志英由于特殊原因不能前来参加聚会，专门写了一封信回来。今天，李志英真的不能来，真的写了一封信回来！"大家惊叹，都说这个巧合太神奇了。

我继续展示"文物"：我当年给大家刻印的歌单《歌唱祖国》《妈妈，我们远航回来了》，还有我给大家写的"征文启事"，我给大家读过的长篇小说《青春万岁》《红岩》，当年中秋节活动和少先队篝火晚会的纪念书签，书签背后是我画的画，等等。

我说："这次聚会，我给大家带了两份礼物，一份是谷建芬老师的班歌歌谱手迹和她给你们写的全部信件的复印件，二是我的著作。我送给大家。"黄杰和许艳替我将谷建芬老师的信和我的著作一一送到老师们和同学们的手中。我的著作是《爱心与教育》《做最好的老师》《李镇西老师教养女儿手记》。我特别强调："在《爱心与教育》中，有你们的故事，所写到的同学都是真姓真名呢！"

八

"这次活动，筹备组还专门为参加这次聚会的老师们准备了一份礼物，这是我们班同学一点小小的心意。"许艳说。

黄杰代表同学们给每一位老师赠送纪念品，是一个精美的印章，每个老师收到的印章都刻着自己的名字。

但少了一份，没有杨耀辉老师的。许艳解释说："由于杨老师在之前没能提前联系上，而礼物上需要刻上老师的名字，临时来不及了，只能等这次活动结束之后，我们再准备一份，专程送到您的家里。"

杨老师耳朵不太好使，但当他明白过来后，很大度地摆手："没关系没关系！我很开心！"

轮到同学们一一发表感言了。每个同学在发言中都感谢老师们当年的教诲，都祝福大家中秋快乐。王晓松匆匆赶来，周涛刚下飞机也匆匆赶来。同学们一阵惊喜。

已是公安局局长的张海波说："李老师对我最大的影响，就是教我做人。几十年来，无论我做什么，我始终守住做人的底线，善良、正直、勤劳！这不是客气话，我真的很感谢李老师！"他的话让我非常感动。我接着他的话说："我愿意重复一遍我刚才说过的话，无论你们做什么，比如张海波，无论你是局长还是什么，都是张海波，我希望我的每一个学生都善良。前年，《小崔说事》播出了关于我的一期节目，第二天，我在我的博客上便看到了一段留言，留言者说自己是未来班的一员，含泪看完了《小崔说事》，听到了熟悉的班歌，未来班的班歌还在传唱，这是老师留给同学们的精神财富。这个同学还说，当年有人担心李老师教大家太善良，会不会不适应社会。而她是适应社会的，而且做到了老师所希望的那样——正直、勤奋、向上！当时看了这段留言，我非常感动。因为的确如此，当年不少好心的同事都担心我的学生太善良，走上社会会吃亏，但30年过去了，我的学生站出来作证——善良的人不会吃亏！后来我知道是李志英的留言。"

我又说："今天我们这个聚会应该记载下来。筹备组的同学已经在谋划编印纪念册了，并向我约稿。我这里……哎，周一！"

突然听我叫"周一"，周一赶紧说："到！什么事，李老师？"

我问他："你是不是我永远的学生啊？"

他不假思索地说："那当然啦！"

我说："好，那我给你布置作业了，这次聚会结束后写一篇文章！"

"这……"就那么两秒钟的迟疑，然后是斩钉截铁地回答："我写！"

我对大家说："听见没有？听见没有？连周一都要完成这个作业，大家就没有什么理由不完成了！"

大家哄堂大笑，热烈鼓掌。

我说："周一，大家知道的，当年把李老师气惨了啊！我把他骂哭了,他居然坐在下面一边哭,一边说要派人来打我,害得我30年来都不敢出门!哈哈!"

大家再次爆笑,周一笑得特别开心。

时间一晃过去了两个小时,联谊会接近尾声了。许艳说:"为了筹备这次同学会,筹备组的几位同学——黄杰、吴尉、何静红、王琦,做了大量的筹备联络工作,在此我们为他们付出的辛勤努力表示感谢!"大家热烈鼓掌。

黄杰再次播放一个精美的视频作为结束语。又是扣人心弦的画面,又是抚摸心灵的旋律,在时钟大背景下,一张张老照片缓缓浮现,又一一飘离。同学们当年的单人照以电影胶片的形式滚动播放,极具历史感。照片旁边或周围,一行行字幕轮替出现:"青春是一场远行,回不去了;青春是一场相逢,忘不掉了。""年华似水,追忆是朦胧的梦境。""这段回忆之旅将成为我们最美好的珍藏,在人生停靠的驿站,会令我们暮然回首往事。""如今,我们想挽回那已经不复返的美好时光,就想让时间停留在那,好好地、静静地欣赏……""看我们能否把回忆的窗户打开,重拾三十年前的快乐……""致我们成长的时光!"我再一次热泪盈眶……

许艳说:"我们今天的同学聚会,在优美的音乐声中就快结束了,对本次同学会由于各种原因未能参加的其他同学,表示最亲切的问候!祝所有的同学工作顺利、事业有成!祝我们最亲爱的老师身体健康、幸福圆满!愿我们的同学与师生情谊,地久天长!"

九

第二天吃了午饭,我们从农家乐出来,沿江边朝凌云山方向漫步。不规则的乡间小道，小道上的泥沙，还有大片大片的竹林，一下子让我们找到了当年的感觉。左边江水静静地流淌，右边是农舍、菜园子、小狗，还有满目葱茏。我是1982年春天开始教书的，那时候还没有双休日，只有星期天，但我常常带着学生来这荒芜的小岛，尽情撒欢。我们在这里野炊、斗鸡、捉迷藏，还把鞋脱了站在江水中打水仗……这些记忆，直到现在还鲜活地留存于学生的心中。毛利说："我印象中，那时候李老师经常带我们出去耍，差不多每个星期天都要去郊外搞活动！"许艳说："我妹妹读乐山二中，那时候特别羡慕我在李老师班上，因为经常有郊外活动，好耍！而她的班上没有这些，只有不停地做作业！"

我们穿过一片片竹林，走过一条条小道，说笑着。我对王薇说："王薇，有一个细节，你可能已经忘记了，但我记着。就是快毕业的时候写作文，题目是什么我忘记了，大概是写老师的吧，你写的是我，而你作文的第一句话是：'李老师，你的确是一个高尚的人！'当时我觉得你很夸张，但我知道你说的是心里话，对一个孩子来说，怎么想的就怎么写。虽然我知道这句话对我过奖了，但我还是很感动，因为这是来自学生真诚的评价！这句话对当时才参加工作不久的我来说，是莫大的鼓励和鼓舞！"

但今天说起这件事，我却想到了李松，心里又是一阵愧疚。其实当年被我"恶狠狠地骂过"的学生不只李松一个人。所以，当时王薇说我"的确是一个高尚的人"显然有些夸张。

王薇说："我也一直想跟你说声'谢谢'。"

我问："为什么？"

她说："有一次，我们外出活动，很晚才回来。你骑自行车把我送回家。我现在对你说声'谢谢'。"

王薇说的这件事我的确一点印象都没有了，但我想应该是我做过的，因为这是一个老师起码的职责。所以我说："任何老师都会这样做的。"

王薇说："当时我妈妈也特别感动，因为她经常听我说你的好。现在我妈妈对你的印象还很深呢！"

我相信，王薇说的是心里话，我说的也是肺腑之言。在这里，师生之间不用也没有必要"互相吹捧"。30年的时间可以见证我们师生情感的纯真，这种情感超越了一切世俗的功利，尤其是在当今这个充满物欲的时代。

于是大家感慨现在的老师如何不如过去。我听着，不好说什么。只是在心里想，其实30年来我做老师也没那么"高尚"，不过是凭着良心做事而已。一切都是自然而然的。

我们终于来到了当年我们戏水的地方，隔江而望便是屹立千年的乐山大佛。我们背靠大佛合影。容颜虽然不再年轻，但青春依旧在心中蓬勃。

十

晚上，我们在江边吃火锅。结束之后大家又直奔歌厅。我和大家一直惦记着陈峥。她改签了旧金山直飞成都的航班，将于傍晚在成都双流机场着陆，然后直接到歌厅。我们在歌厅一边唱歌，一边等着她。

我唱的都是老歌：《我爱祖国的蓝天》《喀秋莎》《怀念战友》……学生们唱的自然要现代得多。成丹烈、许艳、田晓敏、黄杰、刘春华、姜茹等人，唱得真不错。尤其是许艳，还一边唱一边跳，载歌载舞。在黄杰的建议下，大家一起唱《小苹果》，气氛一时达到高潮。

九点多，经历了十几个小时飞行的陈峥终于来到了我们中间，大家以热烈的掌声欢迎她的到来。我们要她一一猜猜同学们都是谁，她认出了许艳，其余的在我们的提示下有的能说出名字，有的简直就认不出了。也难怪，她在我们班只读了初一，初二开学她就转学去南京了，毕竟 32 年了。虽然叫不出名字，但她和大家依然亲热。一来就和我们一起唱歌。

不一会儿，门又被敲开了，进来一位中年人，我一看，大叫："张劲松！"然后给大家介绍："这是当年比你们低一个年级的学生，叫张劲松。我没教过他，但他当年一直非常羡慕我们未来班，也很尊敬我。今天听说我们毕业 30 周年聚会，特意赶来参加我们的活动。"大家报以热烈的掌声。

张劲松说："李老师说得对。未来班是我当年特别羡慕的班级，我一直关注你们。李老师是我特别崇拜的老师！我祝福大家！"

大家继续唱歌。黄杰又提了一个建议："我们来个怀旧专场吧，唱一唱当年我们未来班常唱的歌曲。"大家都说"好"。

于是，《让我们荡起双桨》《校园的早晨》《共青团员之歌》《外婆的澎湖湾》《妈妈，我们远航回来了》《军港之夜》《年轻的朋友来相会》……同学们本来很想唱唱我们当年歌咏比赛的一个曲目《五月的鲜花》，但很遗憾歌厅的曲库里没有这首歌。

我们尽情地唱着，跳着，在充满激情的歌声中，同学们都回到了十二三岁，我回到了大学毕业之初。青春的旋律，让时光倒流，我们一起重温属于我们的青春岁月。

十一

9月8日中午，陈峥请大家吃饭，地点在肖公嘴的"老房子"。因为刚好是中秋节，本来有的同学家里早已有安排，但王琦说："人家陈峥大老远回来，我们怎么也应该陪陪人家！"于是，除了的确有特殊情况的同学之外，能来的都来了。

大家纷纷和陈峥合影，然后又一一和我合影，最后大家一起合影。

我举杯说："今天，我们在此欢迎陈峥回到祖国的怀抱，回到我们未来班！同时，今天又是中秋佳节，是家庭团圆的日子，我们未来班也是一个温暖的大家庭，所以今天也是我们30年后团聚的日子。我祝福同学们，祝福我们永远的未来班！"

在一片"干杯"声中，大家一饮而尽。

陈峥常住美国洛杉矶，我就开玩笑说："你是从洛杉矶回来吃乐山鸡！"大家都笑了。我又说："离开中国时，你可以买一只正宗乐山鸡回洛杉矶！"大家又笑了。

毛利、王琦说李老师对每一个同学都很公平，没有因成绩而歧视任何一个学生。我说："是的。包括现在，无论你们从事什么工作，只要善良正直，都是我最优秀的学生！"大家感慨现在的教育却不是这样，太功利，太势利。他们从自己孩子的身上，看到一些老师缺乏爱心，只有功利心。我听了，心里只有叹息。

让我欣慰的是，这个班的学生至少就目前我所知道的而言，大多普通平凡，但都守住了最初的本心，善良、朴实、勤劳、正直。而且性格、性情变化都不大。陈峥小时候也是这样文静但不失大方，品行纯真而纯正。王琦、杨红还有姜茹几个同学则性格豪爽、大气、仗义,特别热心集体事务,乐于为同学们服务。王薇、陈晓梅温文尔雅,秀气可爱。李燕琼朴实而内敛。秦智英一直都那么低调、羞涩,说话都脸红,现在也是这样的。何静红、吴蔚则明显成熟稳重,在班上很有威望。周涛、王晓松温顺柔和,现在依然平和而彬彬有礼。黄杰和当初的性格相比有些变化,那时他比较调皮,不过也不太过分。现在他如此富有组织能力和号召力,是我当初没想到的。同学们说我也没有什么变化,一直都那么富有激情,那么青春焕发。

十二

我说:"真的很感谢你们!我至今记得我生病住院前一天,许艳、毛利、冯萍、黄慧萍、耿梅等同学到我宿舍,许艳哭着说:'是我们不听话把李老师气病了。'然后又给我唱歌,要我录下来,在医院想你们时就听一听。"许艳说她还记得这件事。我说,那次住院我还溜出来和你们一起去峨眉山玩。王琦说:"什么时候李老师再带我们去峨眉山清音阁,在当年照相的地方按当年的坐姿造型再照一张相。"我说:"好呀,我一定抽个时间回来,我们一起再去峨眉山。"

当年许艳、毛利和冯萍三个小姑娘是好朋友,三个人都天真烂漫、活泼可爱,她们几乎形影不离。我说:"还记得吗?你们还常常吵架闹别扭呢!我经常给你们调解,劝你们要大气。"她们都笑了。是呀,无论当年和小伙伴闹了多少别扭,甚至打架,若干年后想起来,还不是童年趣事一桩!

当年许艳给大家的印象就是思想单纯、心底透明,甚至有点傻乎乎的,特别可爱。有意思的是,她现在还是这个性格。她快人快语,心无城府,一双眼睛宛如秋水而清澈见底,让人一眼就可以望穿。今天在饭桌上我们都说许艳一直保持童真,单纯可爱。她很正经地说:"其实我很有心计,只是你们不知道而已。"我故作惊讶:"真的吗?你真会装呀!"众人大笑。我说:"这几天媒体报道好几位女大学生被人骗,失踪了。如果哪天听说许艳也被拐卖了,我一点都不惊讶。"大家都说:"就是就是!"许艳居然跟着说"就是就是",还说:"我曾经就上错过车。"众人再次爆笑。我表扬她:"许艳的歌唱得好!昨晚唱那首《唱着歌儿去拉萨》,你一边唱一边跳,载歌载舞!"她马上很严肃地对我说:"啥子'唱着歌儿去拉萨'哦,是《坐着火车去拉萨》,你唱着歌儿咋个去拉萨嘛?要坐火车才能去!晓不晓得哦!"众人第三次大笑。毛利说:"呵呵,许艳还批评李老师了!"

十三

陈峥跟大家聊美国,聊洛杉矶,邀请大家去美国就和她联系。我开玩笑说:"干脆下次未来班把聚会地点放在洛杉矶。"大家都说好,特别是毛利,迫不及待地说:"不一定十年一次嘛。"大家跟着说:"就这样定了!"我说:"冷静点,去洛杉矶,需要统一的时间,要大家都统一时间,几乎不可能。"但大家说:"十年后我们都退休了,有的是时间。"我说:"那好,到时候许艳负责经费赞助!"大家说:"好!"许艳一脸为难:"我哪儿接(去)找哦!"

说笑归说笑,大家还是很认真地说希望以后彼此多联系。我说,我们创建一个微信群嘛。黄杰说干就干,很快便创建了一个名为"未来班"的微信群,大家纷纷加入。

我们这次聚会以一顿开心的午餐画上句号，真是意味深长，别有情趣。我说："陈峥虽然回国遇到麻烦，但为我们这次聚会活动增加了曲折而有趣的戏剧性，同样，如果龚驰群没有特殊原因而参加聚会，我们就少了一封感人的信。"大家点头称是。

天下没有不散的筵席。临别时，我一一和大家握手，彼此祝福中秋快乐。

十四

在回成都的车上，我还想着未来班。越想越觉得学生们太可爱了！当初教他们的时候，我真的没有一点功利心，就想让班上有趣一些，让同学们感到好玩、有意思，觉得在李老师班上很幸运，于是我想方设法让班级生活丰富多彩，想方设法和别的班不一样，于是有了那么多次郊游、那么多的活动，有了未来班……没想到这一切在30年后都成了学生们温馨的记忆，因为有了这么多年轻的记忆，青春便可以万岁，而我们的未来班也成了我一个教育的经典，也是青春的经典。

晚上，在未来班的微信群里，吴蔚同学发了一条微信——

> 甲午中秋，
> 聚会嘉州，
> 赢得师生共祝。
> 三十三年，
> 望中犹记灯火一中路。
> 可记否徐浩峨眉郊游处，

　　　　一片青葱岁月！
　　　　举杯问同学少年，
　　　　　尚能忆否？
　　——庆乐一中初八四届一班毕业三十年师生聚会圆满结束，感谢各位老师和同学，衷心祝福你们一切顺心平安幸福！

2014年9月6—8日于乐山

我们的青春与未来

30年前那个夏天,我用铁笔在钢板上刻着一张张蜡纸,然后又用滚筒一页页地印成一本本书。封面上,是一群少男少女站在甲板上眺望着远方——那是未来。这粗糙而活泼的封面也是我用铁笔在蜡纸上画的。我们把这本班级史册取名为《未来》,由王薇同学用毛笔题写。

1984年那本朴素的《未来》,现在静静地躺在历史深处;2014年,这本《未来》的"续集"以精美甚至堪称"豪华"的形式出现在一张张并不青春的脸庞前。30年,未来班的生命以这种方式联结起来,浪漫而意味深长。

在30年聚会的时候,我提议同学们写点文字,然后汇集成册,作为当年《未来》的续集。我特别跟同学们说,内容不限,长短不论,真实即可,真诚就好。聚会结束之后,同学们陆陆续续发来了他们的文字。有的描述聚会情景,有的回忆当年琐事,有的抒发真挚友情,有的梳理人生经历……所有的文字从未来班出发,然后指向青春，指向生命，指向新的未来。

我有幸成为每一篇文字的第一读者。仿佛回到了30多年前，又重新帮同学们批改作文。交来的文字，有叙事，有写人，有议论，有抒情，还有几篇诗歌。我细细地品味，目光从字里行间掠过，自己的心却穿过了每一个同学30年的人生。眼前的文字，和当年稚嫩的容貌重叠，颇为有趣，很是感人。我无法用"文笔好不好"来评价这些篇章，因为这已经不是文字，而是同学们30年人生的结晶，是只有我才能够读懂的生命的吟唱。

如同当年给同学们写作文评语，我还是非常认真地在每一篇文字后面写下我的感言。写着写着，我再次感觉到了某种穿越：我搞不懂自己是在给当年的小男孩、小姑娘写作文批语呢，还是和已经人到中年的作者对话；我究竟是这些作者的"李老师"呢，还是他们今天笑称的"西哥"。

可以想象，同学们很长时间不提笔写东西了，要写一篇文章不是那么容易的，况且大家都那么忙。但同学们都克服种种困难交来了自己的"作业"。有几位同学无法联系到，因此这本集子里没有他们的文字，但不要紧，我相信这些同学的心也已经融入了我们共同的记忆。在这本集子里，有着每一个同学青春的密码和生命的温度。

我们想念失去联系的几个同学，希望他们也能够读到这些文字，读到我们对他们的呼唤，更希望有一天他们能够带给我们重逢的惊喜。

这本集子取什么名字，我和同学们思量了好久。先是在微信群里讨论：《青春万岁》《回到未来》《情系未来》《今天，唱响未来》《青春不老，未来作证》《青春与未来》……大家认为，"青春""未来"这两个词是必须用上的——前者代表我们的一段岁月和一种情怀，后者代表我们的班级和我们的梦想。最后，在一个周日下午，我、黄杰、何静红、张海波、田晓敏和许艳在一个茶楼经过反复斟酌、推敲和争论后，最后敲定为:《让青春告诉未来》。含义丰富，任大家解读。书名依然由王薇同学题写，这也是一种特别的纪念。

在这里，我还要代表同学们向著名作曲家谷建芬老师表达一种特别的感动与敬意。30年前，谷老师为我们的班歌谱曲，这首唱了30年的歌，至今还滋润着我和我学生的成长；30年后，谷建芬老师依然关心着我和我的学生，关心着未来班。这次当我代表未来班同学请谷老师为这本集子写几句话的时候，谷老师欣然答应。不过，她寄来的远不只是几句话，而是一封饱含对未来班真情与关切的信。谷老师对未来班持续30年的爱，我们该怎样感谢与报答？

30年，一个沉甸甸的数字，这个数字所代表的时光直抵我们的心灵而富有震撼力。再过10年、20年、30年，又将有怎样的岁月和故事？让我们继续期待"未来"……

2014年12月10日

教育：我永远的『初恋情人』

未来班的毕业纪念册《让青春告诉未来》印好了。我特意回到乐山，和学生们小聚，也算我们自己给自己举办一个《让青春告诉未来》首发式。因为是昨天临时决定聚会的，所以来的学生并不多，但气氛依然热烈喜庆。

刚好今天是情人节。所以，我首先举杯说："今天是情人节，我们在这里聚会，手捧我们自己编撰的《让青春告诉未来》，感慨万千。我想到那几年有一次聚会的时候，田晓敏开玩笑说：'李老师，我们是你的初恋。'我说：'是的，未来班是我教的第一个班，你们就是我的教育初恋，而且我可以很自豪地说，对教育这个情人，我一旦爱上，就从一而终！'"大家都笑了。

我又说："我是你们的老师，所以我可以对你们不谦逊地说，你们要向我学习。为什么呢？我一旦决定要做什么事情，就会执着地去做，并且一定会成功！这点值得你们学习。你们看，你们手中这本精装的《让青春告诉未来》，去年还只是一个设想，是当时黄杰、吴蔚等同学的建议。那时候我们都觉得不可思议，但五个月过去了，这不已经变成现实了吗？所以，无论做什么事，只要执着、努力，就没有什么不能成功的。"大家都点头表示赞同。

我继续说："让我感动的是，每一个同学的文章都写得那么认真，还有黄杰、王琦、吴蔚等同学为这本书付出了那么多精力！还有我们在场的科任老师冯老师、刘老师和没有到场的老师，都很支持这本书，它是我们大家智慧和劳动的结晶！春节快到了，这本书算是我们自己送给自己的新年礼物！"

在朗朗的笑声中，大家开始觥筹交错，互相祝福。但和以前的聚餐不同，这次同学们匆匆吃了菜，便迫不及待地拿起《让青春告诉未来》翻了起来，那么专注，那么痴迷，好像面前的美味佳肴统统不存在了。

看大家这么喜爱这本书，我再次觉得我为同学们做了一件非常有意义的事，幸福感再次油然而生。我又想到我的历届学生，接下来，接二连三都会有"毕业20年纪念""毕业30年纪念"，那么，这样的毕业纪念册还会一本一本地诞生。

再过几年我就退休了，但教育永远是我的"初恋情人"。

2015年2月14日

附录一：《让青春告诉未来》目录

序言：我们的青春与未来（李镇西）

1. 师恩如山

师长赠言

老师照片

唱着歌儿向未来

谷建芬来信

2. 岁月如水

毕业留言

毕业照

往昔照片

3. 情怀如诗

纪　实

关于未来班：喷薄的记忆惊涛拍岸（李镇西）

青春可以万岁——未来班毕业30周年聚会纪实（李镇西）

相　逢

仿佛又回到了昨天（李燕琼）

一直难忘的歌（姜　茹）

青春永远万岁（王　薇）

难忘的兄弟姐妹（杨　红）

仿佛我们不曾分别（秦智英）

我们的三十年（王　琦）

青春正喷薄而发（张海波）

记 忆

相亲相爱的一家人（陈晓梅）

信守一个约定（耿　梅）

那些年一起走过的岁月（胡延涛）

尘封已久的记忆（黄惠萍）

初中生活二三事（黄　杰）

久别后的回忆（张　帆）

像刀刻在我的记忆里（唐明东）

人 生

那些年，这些年（张春银）

我这三十年（陈　峥）

三十年折腾录（成丹烈）

近墨者不黑（刘春华）

我，未来班，三十年（刘大庆）

先把自己炼成金子（彭　霞）

一生的承诺（伍　建）

感 悟

最美的相遇（付　饶）

三年与三十年（何静红）

西哥你懂的（李　松）

永远的未来班（周　一）

那种植入心中的精神（王红川）

且行且珍惜(周　涛)

追忆"未来"情,续写"青春"梦(毛加庆)

情　怀

破碎而清晰的记忆(陈　建)

长河远逝,真情永存(韩　军)

未来班,我们的骄傲(李　强)

我们没有随波逐流(毛　利)

那些日子(潘　洁)

无法抹去的记忆(王　钢)

最真挚的感动(许　艳)

来　信

好想好想再听老师为我们朗读小说(白　敏)

那些日子就好像在昨天(高　虹)

我们的心是辽阔而透明的(龚　倩)

记忆中的味儿(李志英)

抹不去的美好回忆(舒德君)

诗　意

喜相逢(冯　萍)

黑白照(田晓敏)

桃花潭水深千尺(王小松)

我们在一起(吴　蔚)

风景(张红霞)

4. 相逢如歌

三十年再聚首

相会金鹰山庄

重回新一中

重游太阳岛

老房子宴会

2010 年同学聚会

2012 年同学聚会

2014 年同学聚会

2014 年成都聚会

2014 年乐山活动

附录二:《让青春告诉未来》节选

黑白照

田晓敏

30 年前的黑白照,
记录得那样完整美好。
源于老师真诚的教育之心,
和一直不悔的谆谆教导。
黑白照里我们领受《爱的教育》,
黑白照里我们学唱歌谣,
黑白照里我们系上红领巾,

黑白照里我们把学业认真学好。
黑白照里我们吟唱《五月的鲜花》，
黑白照里我们把《铃儿响叮当》转圈跳，
黑白照里我们做游园活动，
黑白照里我们在操场上奔跑。
黑白照里我们野营太阳岛，
黑白照里我们与小牛嬉闹，
黑白照里我们角力摔跤，
黑白照里我们向太阳问好。
黑白照里三个小伙伴稚嫩乖巧，
黑白照里一群美少女人比花枝俏。
黑白照里两个小哥们眼神如星闪耀，
黑白照里一队英俊少年骑车往前跑。
三十年后的中秋我们相聚了，
看着黑白照我们泪盈眼角，
谈着黑白照我们又闹又笑，
时空似乎不曾变幻在此刻停住脚。
从此天涯也不再路遥，
共话同窗情谊在暮暮朝朝。
亲爱的老师同学无论你们在何方，
衷心地祝愿一切都好！

李老师说

　　晓敏，当我收到你这首诗的时候，我首先是惊讶，其次才是感动。惊讶于当年班上最小的同学之一，居然写出了这么好的诗！这里的"好"，不是说艺术技巧上如何炉火纯青，而是指真诚自然，如水一般清澈透明，流畅活泼……就像当年天真烂漫的你。我闭眼想了想，嗯，当年的你，真的是个特别天真烂漫的小姑娘呢！当然，你时不时也哭着来我这里告状，说谁谁谁欺负你了。30年的岁月洗去了我们彼此年轻的容颜，但骨子里那份纯真依然流淌在生命里。不然，从你的心里怎会流淌出如此一尘不染的诗句？

一生的承诺

伍　建

　　这一生能进乐山一中读书是我的幸运，这一生能做李镇西老师的学生是我的幸福，这一生能做乐山一中初84届1班（未来班）的一员是我的快乐！

　　2014年9月6日，是未来班毕业30年后聚会的日子，其间老师和同学、同学和同学之间互相问候，热情拥抱……特别是李老师讲话中提到的教学目标是教会学生善良、正直、勤劳，这深深地触动了我。30多年来一幕幕情形就在眼前。我在这里不想再去回忆老师和同学对我的关心有多少，帮助有多少，因为这些是说不完的。我只想说这么多关心和帮助对我人生的影响有多大，我只想说我好像没有太辜负老师和同学的关心和帮助，我更没有给我们未来班这个集体抹黑！

　　我小时候，家里很穷。每次吃饭刚好一桌人，爸爸、妈妈、一个哥哥、四个姐姐和最小的我。那个蒸饭的甑子，完全可以装下我——因为那时我很瘦小。一天到晚就是吃不饱啊！从懂事起，知道为家里做点什么了，放牛、割草、喂猪、煮饭，甚至自己缝补衣服……12岁以前，我已经学会了现在很多成年人还做不来的事情，现在想起来，我那时不简单啊，呵呵！

1980年，我考上了乐山一中（那时的一中是初中和高中一起的，在乐山市内招生，一个年级就4个班）。开学时，爸爸挑着担子，一头是一个自己改装的木箱，一头是被子和草垫，我在后面一颠一颠的，走进了当时乐山最好的学校，那时的我身高129厘米，是全年级最小最矮的一个，老师们都爱摸摸我的头，揪揪我的脸。至今想起爸爸的背影，绝对不亚于朱自清先生当时的感觉，鼻子也是酸酸的。

在校期间，我遇到了好的老师、好的同学，可惜11岁的我突然没有人管了，就有点控制不住自己，毕竟是11岁的男孩，有些贪玩。一年之后我重读初一，跨进了初84届1班，尽管老师和同学给了我无限的关心和帮助，但以后的学习也还是难以启齿。在此过程中，我的老师和同学并不知道，那时我天天惦记的是家里：哥哥嫂嫂又同爸爸妈妈吵架没有？每周5毛钱的伙食费下周妈妈拿得出吗？家里的秧子栽了没有？谷子怎么打起来？这就是我的初中生活，谁能在这样的环境中好好学习呢？唉！

1981年，家里分家时，我们母子就得了一间木房子，只有一间！而且立柱已经和地面成85度的夹角。地面是千脚泥，墙壁是竹笆，采光很差。房顶的瓦稀稀疏疏的，站在地上数都数得清有多少块瓦片。经常还有缕缕阳光穿透瓦缝射进来，很刺眼。床顶上盖满了薄膜，下雨天再加几个盆子。最搞笑的一次是，我觉得睡觉时有什么东西顶背了，钻下床去一看，哦，明天有菜了——居然冒出几根苦竹笋！现在说来那是好菜啊，但当时吃着却是苦涩的。

1982年5月12日，爸爸走了，虽然从我懂事起就知道他有病，什么重活也做不了，但他的离去仍然给家里带来了不小的打击，妈妈身上的担子更重了。爸爸走时，我没有在家，未能见他最后一面，这是我一生的遗憾。之后我产生了辍学的念头，因为家里太穷了，妈妈太苦了，我想自己养活自己。但当时李老师和同学们知道后，竟然背着我为我捐款。同学们怕我周一睡过了，上学迟到，便为我买了闹钟；怕我在学校喝生水，便为我买了热水瓶。最后竟走几十里路来看我，给我做思想工作，就为了让我能完成初中的学习。同学们啊，你们不能想象我那时的眼泪何止决堤般涌出！初中的学习生活不用我在这里细述，基本每天都被老师和同学感动着。

　　初中毕业，我没能考上中师中专，跳不出"农门"。我怀着不甘心的复杂心情，在妈妈坚韧的目光中，走进了茅桥高中。以后的日子，基本就是我和妈妈两个人相依为命了。其实从13岁起，我就是家里的男劳动力了，耕田、栽秧、打谷已经难不倒我了。

　　进了高中，我也无法集中精力学习。成天想的是喂鸡能赚多少钱，喂兔子效益如何，甚至算出了喂兔子的年利润，设计出了兔舍，进行了项目论证。还定出了近期和长远的目标，近期是挣5000元修房子，远期是挣30000元存起来，以后就可以什么也不干了。现在想起来，呵呵！结果三年后高考的结果大家不用猜都知道了。

　　领了高中毕业证，我灰溜溜地回家了。那时农村的高中生可是癞蛤蟆的耳朵——缺货，乡武装部长一句话叫我去当兵，我还不干！不为什么，就为了我母亲！理由很简单，百善孝为先，我不想她一个人在家受我哥哥的气。结果我同学去当兵的基本都没有回来的，不是壮烈牺牲了，而是当官了。不然我现在可能不比黄杰同学差哦，说不定也是个政委之类的，呵呵！

之后，我打过石头，在冷冻厂分割过猪肉，制过药，做过泥水匠、钢筋工，挑过灰浆……好像没有一个地方不欢迎我的，因为无论做什么，我始终坚守着善良、勤奋和认真。

1994年，凌云中学的老校长往我家跑了好几次，叫我做了一件我做梦都没有想过的事情——教书，还是初中！因为缺钱啊，去就去吧！虽然是代课教师，但88.5元/月呢！干！一不小心，我居然成了区级优秀老师，一周上24节课（那时一周5天，为了挣补课费，一节2元呢），还是班主任呢！呵呵，现在想起来我都觉得自己不简单哦！那时的我，与自己的学生一起笑，一起哭，一起摸爬滚打，在峨眉山顶雪地里和学生一起打闹，一个班就是一个整体了。为了自己的学生，我不惜与亏待我学生的老师翻脸！其实，我水平有多高呢？但我有爱，而爱让我认真，让我动脑筋去研究，去探索，这样我慢慢就会教书了。

中考后，我教的语文一不小心又是全茅桥办事处的第一名，最高分和平均分都是！班上有一个考上乐山一中，两个考上草堂高中的（其实本来三个都可以上一中的，但两个学生考场失利）。我永远记得新校长去区里开会时说的一句话："我这次到区里开会，腰杆是最直的，因为你班中考考得好。"其实这些对我来说，都不是最重要的。从1999年离开自己喜欢的学校后，我回忆自己的五年代课经历，认为自己最重要的收获有三个：一是我有37个现在我都为他们骄傲的学生；二是我教书期间还每天去挑潲水喂猪，经济上有收入，让我度过了最困难的时期；

三是我在1995年有了自己的女儿,我想也是我值得骄傲的女儿。最重要的一点,我传承了李老师的教育方法,包括也给学生读《爱的教育》,还有李老师写的《青春期悄悄话》。最后我成功了,所以收获了类似于我们给予李老师那样的尊重和爱戴!

回忆过去,我想说几句:当老师,首先不是要你的水平多高,不管你是特级、一级、二级教师,那只是你收入的差别,是你挣钱的筹码!要当好老师,关键是对学生有爱心,你愿意把你的学生当成你的朋友,你愿意做他们的朋友。我很骄傲,现在我的学生每年聚会都会喊我去,我很荣幸,真的!要知道,他们记住的我,只是个代课老师,是只值88.5元/月的老师啊!

这是我人生中很重要的一段日子!

1999年到2001年,我上工地了,学工地管理,开汽车、装载机、压路机……收获了不少学校以外的东西。2001年7月9日,我到了现在的公司,从办公室做起,每月400元。还是因为我认真勤奋,2004年升为总经理。这期间发生了好多事,说不完,写不完,一本书也写不完……

妈妈老了,在2006年4月26日走失了。最后我流着泪,在好多人的帮助下找了17个小时后找到了妈妈。去医院一检查——老年痴呆症!此后,我们过的就是妈妈随时离不了我们而我们也随时离不了妈妈的日子了。

说这些,不是想回忆痛苦,也不是想博得同情,更没有炫耀的意思。只是给老师和同学们汇报自己走过的路而已。每个人都有自己的经历,都有自己走过的路。我只是以这篇文字对自己作一个小结,为自己画一个感叹号。我的经历其实很简单,但李老师说的"善良、正直、勤劳",这六个字我从来没有丢过！

　　借这个机会，我想再次感谢我的老师，我的同学！我的初84届1班，我的未来班！是你们改变了一个农村孩子的一生。我不算成功，但我会努力！我永远以你们为我的骄傲！人生还有时间，我会好好走下去，也希望我们每个同学走好自己的路。这样的我们才无愧于未来班。这也是我一生的承诺。

李老师说

　　伍建，你总说我和同学们对你的关心影响了你的一生，但你可能不知道，这种关心和影响是相互的。未来班有许多故事，许多快乐，许多感动。你就是许多故事、快乐和感动的主角。当年的你，在班上朴实无华，因为你家一场变故，同学们表现出爱，你也表现出坚强。那年寒假，我和同学们步行到乡下你家里的时候，贫穷的环境和你的懂事、能干，深深地触动了同学们的心。大家都被你感动了。那个寒冷的冬天，围绕着你在我们未来班发生的故事，温暖着你，也温暖着每一个人。那次播下的爱的种子，在你的生命里发芽，成就了今天依然善良、坚强的你。我那天说过，同学们无论从事什么工作，只要善良、正直、勤劳，就是我最骄傲的学生。伍建，你是！

先把自己炼成金子

彭　霞

　　一位从加拿大回来的朋友对我说："God calls each of us honest, hard, good." 大概意思是"上帝要求我们每一个人诚实、努力和善良"吧。我笑着说："30年前就有人这样要求我们了！"在乐山一中初中三年，我的班主任不但用他的爱心、热情和责任陪伴我们，还将诚实、努力、善良像种子一样埋在每个学生心里，他的叮咛成了我们以后人生的灯塔。

——致敬爱的李镇西老师

这是我写在QQ空间里的一段话，虽然我一直是个只往前看的人，但我的初中，我们独一无二的未来班已是我生命链中发光的一环，30年后，我也禁不住要给它一个回望。当年的人、物、景从脑海里飘至眼前，历历在目。

初入初中，我和同学们是一群懵懵懂懂的孩子，而我们的班主任李镇西老师刚从大学毕业。现在想来，李老师当年似乎带着不灭的光和热裹挟着他的学生。他给我们班取名为"未来班"，做班徽，找名人为我们写的班歌谱曲。他站在学校操场的领奖台上指挥全班高唱班歌，尽全力激发我们的自信和对生活的热爱。他陪伴了我们三年，无时无刻不用他的行为教育我们做人要诚实、努力、善良。当时我们不知道这对我们意味着什么，但以后的经历，让我明白，他让我们树立了正能量的人生观。

高考失利，我阴差阳错进了警界。在这个以男人为主导的系统，刚开始怎么办案我都不知道，师父说："不懂你就学。"于是我一头扎进案件堆里，最后竟成了公安局案件主办人员。1997年夏天专项行动，我一个人主办、参办近40起案件。有一起案件，已有4个涉案人员被关在看守所。可我在审查时，总觉得其中有问题，于是顾不得酷热，带着助手，开着偏三轮摩托车，坐渡轮，一路奔到发案地——安谷镇，从源头查起，结果证实是安谷卫生院院长提供假的病情证明和病历。那4个被关押的涉案人员被释放。

有段时间，摩托车和赛车被盗猖獗，我加入专案组，查清苏稽镇一个村里的团伙。为了不打草惊蛇，半夜我们开着川路车进村，大家都趴在车的后斗里，结果下午进村踩点的人迷了路，导致大家在村里乱窜，搞得鸡飞狗跳，但我们最终还是把那个团伙抓了。

办案是很苦的事，但我总能在其中找到快乐。记得李老师曾强调"是金子总会发光的"，但我知道，那必须先把自己炼成金子。努力，逼自己一把就是修炼的过程。

是的，我最终在这个男人的世界中站住了脚。参加全省治安系统练兵比武，我手枪射击打出全省男女混合比赛第六名的成绩，荣获个人三等功。工作上年年被评为"优秀公务员"。

2007年，我被领导安排到城东派出所，管辖区从岷江一号桥沿江一直到青神交界处，居住者大多是农民。上班第一天，我在我的工作日志本第一页写上："老吾老以及人之老，幼吾幼以及人之幼。"多年的办案，让我对法律心存敬畏，同群众打交道多了，我的理念变成了"情、理、法"。

记得一个下雨天，一个年龄很大的大娘来办户籍上的事，但户籍工作人员认为她的资料还差一项，有些为难。当我了解到她住在离派出所很远的三峡村时，便认真审核她拿来的资料，然后直接在上面签了字，让户籍工作人员给她办。我说："那么远又是山路，不能让她再跑了。"过了很久，有一天，那位大娘来到我办公室，我很惊诧地从椅子上站起来问她："你的事不是已经办好了吗？"只见她从衣服内里摸出两个鸭蛋，说是给我的。我不要，她很真诚地说:"是我家的鸭子下的,已经煮熟了,你吃吧!"她把蛋塞进我手里,还有温度,我当时心里的感受,无法形容。

我在这个所已经工作7年了,处理了无数的纠纷、闹事、阻工等,也一直尽力帮群众解决困难。任何时候,我都换位思考,站在他们的角度来处理问题,工作是很烦琐,但我的付出,得到的是我所在辖区很多群众的信任和尊敬。

没有谁能把日子一直过得如行云流水,在这30年的路程中,有太多的坡坡坎坎,但不管遭遇什么,只要心中对美好的希望不灭,如同我们未来班的班徽上的那只海燕,总有冲破恶浪飞入云端的时候。

"诚实、努力、善良"——当年李老师种在我们心中的种子,在岁月的浇灌中,已长成大树,支撑着我们一步步前进,在失意时带给我们光明。想必当年的伙伴们都已为人父,为人母,希望你们将这种子种在下一代的心里,让那只展翅飞翔的海燕飞过我们的头顶,飞到更远的时光尽头。

致我们永远的班主任李镇西老师,致我们永远的同学们,致我们永远的未来班!

李老师说

听说彭霞当了警察,我一点都不意外。因为当年的彭霞在班上就是一个风风火火、大气豪爽的女孩,有点"假小子"的风格。她特别热爱集体,特别爱帮助同学,而且富有正义感。但是,我还是没有想到彭霞干得这么棒——威风凛凛又情意绵绵。那位老大娘给她塞两个鸭蛋的细节让我特别感动。我想对彭霞说:"侠骨柔情,你是未来班的骄傲!我为有你这样的学生而自豪!"

近墨者不黑

刘春华

现在说起未来班，我首先想到的是一些零碎的事，比如，大家帮助伍建，我不记得当时我跟李老师去他家没有，但这事我一直有印象。还有，李老师的字写得很好，他给我们上第一节课时作自我介绍，在黑板上写下"李镇西"三个字，很潇洒，我当时忍不住说："写得好！"我还记得英语黄老师爱找我们补课，最初我也不太理解，但后来我觉得黄老师真的是为我们好。还有一件印象深刻的事，就是上午最后一节课下课铃声一响，同学们都向食堂飞奔去抢饭；而我每天中午会去学校对面爸爸煤厂那里吃饭。

李老师教育我们要善良和正直，我一直记着，对我影响很大。未来班的班训是："团结，正直，勤奋，创造"。其他我不敢说，至少毕业30年来，"正直"我是做到了的。

高中毕业后，我考上了驾驶学校，是中专。但后来我是专科毕业，毕业后分配到峨眉九里汽车十三队。后来又调到乐山市印刷厂，印刷厂转制后，我便到了深圳，也驾驶汽车，但我感到自己不适应那里的工作，半年后我回到乐山自己经营中巴车。几年后，由于经营状况不好，我又去搞装修，帮老板开车。后来他生意不好了，我就到了成都。在成都这么多年，我搞过物业管理，最后进入旅游界，开旅游车，经常跑乐山、峨眉、九寨沟一带，还有福建、广东、广西、贵州等地我都驾驶旅游车去过。三年前，我进入成都市公交公司开公交车。我主要是为了我女儿，才回到了成都。

我有这么复杂的经历，本来是很容易沉沦堕落的，但我却没沾染任何社会邪恶风气，这是很不容易的。因为工作关系，我曾和黑社会的人打过交道。我开车，见过形形色色的人。我还曾从监狱开车送犯人回去看母亲，看见犯人"报告政府"，类似的场面我见得太多，但我没有受影响。在乐山，有些政界的人，还有些后来被枪毙了的人，我都认识。我帮老板开车时，老板让我看到社会的阴暗面，他曾问我："你想不想当老大？要想就去杀个人，然后坐牢，出来你就可以当老大了。"说实话，我当时处在黑暗中，只要心里一放松，我就"过去了"。但我内心深处始终有个底线，那就是"善良"。

老师教我的，就是善良和正直。当年在班上我成绩虽然不算好，但内心深处，就是想做一个好同学。成人之后，虽然我近墨，但没有受影响，并没变黑，因为我坚守良知。

我现在当公交车司机，收入不算高，但相对稳定，我知足了。我心态一直很好，什么都想得开，对人也宽容。我对每一个乘客都很和善，一直很随和，从没跟乘客吵过架，更从来不吼乘客。我觉得我还是素质比较高的驾驶员。工作中，平时捡过乘客们丢失的钱包呀，还有其他东西，我一律上交给调度。当然，这都是我们做公交司机最起码应该做到的。有一次，一个乘客坐过了站，到了终点站，我对他说："我还要等一个半小时才发车，你乘坐另外的车回去吧。"可他不愿意，他宁愿再等一个半小时也要坐我开的这辆车，因为他觉得我服务态度很好。我们马上就要评星级司机了，我估计自己评上五星有困难，但评上三星或四星是没问题的。

毕业这么多年，我说不清未来班具体留给了我什么，但在

编织童话　**267**

潜移默化中，未来班的确影响着我的人生。李老师当年对我们很好，经常带我们去玩。现在这么多年过去了，我见了李老师感觉他比我大不了多少，觉得比以前更亲近。总感觉李老师和我们的距离很近，我们可以随便和李老师开玩笑。我完全把李老师当哥了，就是"西哥"。

李老师说

春华（现在我们叫他"花儿"，呵呵）当年在班上，朴实，和善，人缘好。这其实就是善良。这也让他在后来的岁月中如他所说"近墨者不黑"。当那天我在对大家说"只要善良、正直、勤劳，就是我最优秀的学生"时，我心里想的，就是包括春华在内的许多同学。春华就是一个普普通通的公交车司机，但一个让坐过了站的乘客执意要坐他的车返回的司机，该有多么敬业与善良！这样的司机，就是我最骄傲的优秀学生！也许春华会说："西哥，你把我说得太高大上了，我就是做了我应该做的。"但我要说，所谓"善良"，其实就在平凡中。

青春正喷薄而发

张海波

2014年9月6日，中秋前夕，金鹰山庄大门横幅悬挂——"乐山一中初八四届一班毕业30周年师生联谊会"。与之并列悬挂的是另一幅标语："当好东道主，办好旅博会"。不由感慨：我们这代人，不惑有余，多是60后的尾巴，70后的前奏，参与并见证了国家和社会深刻的变革，太多的个人经历都与值得记忆的社会事件盘根交错，留下深刻的时代烙印。如此想来，这次的同学会也一定会成为旅博会的重要内容。是不是该再挂一幅标语——"当好东道主，办好同学会"？

"东道主"是由本地同学组成的：吴蔚、静红、晓梅、晓敏、黄杰……特别要说说黄杰同学，20多年的军旅生涯，让他性格豪爽果敢，行事严谨认真，极具指挥协调能力。真后悔当年海选班长时没投他一票，不过，此时的表现，更佐证了一个真理：是金子总会发光！哈哈，谢谢你们！归来的老师、同学可谓来自五湖四海。严老师、王老师夫妇专程从上海回来，让我们再次见到老帅哥严老师的风采；正在大洋彼岸焦急等待登机而返的陈峥同学托人送来花篮；身在广州不能返回的志英同学托人送来蛋糕……

刚一见面，和大多数同学会一样的是：拥抱、握手、猜名字；和大多数同学会不一样的是：班主任李镇西老师带来了一大堆"文物"，有每一位同学30年前的照片，当年老师、同学的手稿，我们一起读过的《青春万岁》……当我们再一次唱响我们未来班的班歌——《唱着歌儿向未来》时，我分明看到每一位同学脸上的自豪和心中的温暖。是的，我的青春有你、有他，那些伴随着青春一起成长的一切，注定会定格为我们青春的模样。不管何时见到你们，在我眼里，同学们永远青春。

青春像一本教科书，当你青春时，你以为你读懂了它；多少年后，当你再翻开它，才觉得自己永远那么无知，永远都会有那么些遗憾和无奈留在那里。青春又像一条奔腾的河，总是那么迫不及待、前赴后继地流向时间的远方，那么热情与决然。

"所有的日子，所有的日子都来吧，让我编织你们，用青春的金线，和幸福的璎珞，编织你们。"青春的回忆永远是美好的：

操场边的那颗黄桷树下有没有留下你晨练的身影？教学楼下长长的读报亭有没有留下你专注的眼神？我仿佛看到课间休息时，瘦小的红川永不言输地和同学斗鸡；中午放学铃声一响，像涨潮一样奔向食堂的人流，引领潮头的永远是晓松同学……每每想起，那些美好，恍如隔日，伸手可触，我们一起走过的日子，由此变得遥远而清晰，历久而弥香，在渐行渐远的时光里，慢慢有了温度。

人生不止眼前的苟且，还有诗和远方。30年过去了，每个人走过来的都是一条康庄大道吗？当然不是，或平淡而坚实，或曲折而蹒跚。这期间，我们学会了舍弃、妥协、承受、担当……但是，心中的坚持从未放弃。

记得李镇西老师经常说一句话："毕业之后，我从不问你们从事什么职业，入仕也好，经商也罢，不管成功与否，只要你们做到了善良、正直、勤劳，在我眼里，你们就是成功的。"我想，这是老师对生命本真的认知，谢谢许多像李老师一样的老师，你们在传播，也在引导。如今，同学们可以自豪地说，我们做到了，且无怨无悔，并将继续为之努力。细细想来，那些为我们的青春护航的老师们，言传身教，早已把善良、正直、勤劳刻在我们的心底，也许，这就是未来班的性格吧！从这个意义上讲，未来班是我们的过去，未来班更是我们的未来。

回望青春，真正让我们难以忘怀的，是那些微笑之中的泪水和泪水之中的微笑，一路走来，忽然之间，已成过往。如今，我们下一代的青春正喷薄而发，更应该思考的是，我们的青春能为他们留下点什么……

李老师说

　　这次聚会,海波能够回来参加,我有些意外,因为他工作岗位特殊,节假日往往是最紧张忙碌的时候。但他回来了,这足以说明未来班在他心中的分量。现在海波在其单位被人称作"张局长",但他自己却很清醒,有一颗平常心。这次在聚会上他真诚地说:"几十年来,无论我做什么,我始终守住做人的底线,善良、正直、勤劳!"身居高位而本色不变,就叫"了不起"。海波,我相信你!

永远感谢谷建芬老师

刚刚挂了电话，谷建芬老师的声音好像还在我耳边响着，那么亲切，那么温和。

十年前，也就是2004年秋天，我在北京见到了谷建芬老师。距1984年7月见她，已经整整20年了。那次相见后，我没有再去打搅谷老师。去年12月，我在北京待了一周，想见见谷老师，因为2013年12月19日，恰是我们收到谷建芬老师谱的班歌30周年。但我把谷老师的联系方式弄丢了，无法与她联系上。上周我去北京，也想过去见谷老师，还托了朋友打听她的联系方式，可依然未能如愿。

今天，我托两位媒体的朋友——中央电视台的林卉和中国青年报社的李斌帮我打听谷建芬老师的联系电话。没想到不到一个小时，他俩分别把谷建芬老师的电话告诉我了！于是，就有了今晚和谷建芬老师的通话。

刚才我怀着激动的心情拨通了谷老师的手机号，我在等待通话的时候想，谷建芬老师的声音会不会有变化呢？还像十年前一样亲切吗？这么想着，一个慈祥的声音传了过来:"你好!"我激动地说:"谷老师,您好!我是成都的李镇西……"谷老师有些迟疑:"李……哪三个字呀?"我说:"姓李的李,城镇的镇,东西的西,李镇西。您当年给我的学生谱过班歌呀!"她一下明白了:"哎呀,我现在人老了,记性不如过去了。谱歌的事我记起来了。"

我说:"我今天给您打电话没其他的意思,就是想转达我的学生对您的思念和感激。当年唱着您的歌的学生,现在长大了!今年都四十五六岁了,可他们依然记得您。前不久我们举行了未来班毕业30周年的聚会,同学们再次唱起了您谱写的班歌,都很想念您,感激您!还有同学说:'李老师,如果能把谷建芬阿姨请到乐山来就好了。'我说:'这不太现实,但我一定设法把你们对谷阿姨的感激之情转达给她。'"谷老师直说:"好,好!谢谢!"

我又说:"我更感谢您!当年,我不过是一个刚参加工作的小伙子,和您素不相识,可您给我谱班歌对我鼓舞太大了!也许您当年不过就是凭着善良做了一件小事,但这件事却影响了我一生。最近我写了一篇文章,谈对我影响的关键人物,写到了您。我再过几年就退休了,可我永远不会忘记工作之初,您对我的鼓励!"

我还说:"我的学生到现在还保留着您当年寄给我们的文具盒呢!30多年了啊!"她问:"这是怎么回事?哦,我想起来了,好像当时孩子们给我寄了钱……"我说:"不是,您为我们谱了歌,同学们就给您寄去了许多小礼品,您就用您刚领的稿费给我班每个孩子都买了一个文具盒寄来。"她想起来了,笑了。

我接着说:"谷老师,未来班当年唱您谱的歌的孩子们,30年来都没有辜负您的期望。他们无论做什么,都善良、正直、勤劳!"谷老师高兴地说:"好,好!"

因为激动，我急速地说着，完全忘记了让谷老师说。我意识到自己的失礼，便问："谷老师，您怎么样？身体还好吧？"她说："还行。毕竟年龄大了，身体不如过去。五六十岁没有什么差别，过了 70，身体就明显不如过去了。还有就是最近几年，一些朋友相继离去，这对我的心情影响比较大。比如前天王昆去世了，唉！不过呢，这就是生活。现在我不参与任何社会事务，就清清静静在家为孩子写点儿歌，主要是给古诗词配曲。做点有意义的事。"她问我今年多大，我说 56 岁了。她说："人最有价值的年龄是五十几岁六十几岁的时候。"

她问我现在的情况，我说："我在一所中学工作，也兼顾着一所小学。"我还告诉谷老师："您当年给我们班孩子谱的班歌，现在是我们附属小学的校歌。每周一，我们的孩子都会唱您谱的歌。"她问歌词是什么，我说："蓝天高，雁飞来，青青松树排成排，我们携手又并肩，唱着歌儿向未来……"她说她现在记性不好了，有些事需要提醒才能记起来。她要我给她寄一些我班学生唱班歌的资料去，她要看看。我说："好！我明天就给您寄去。我把同学们唱您歌的视频，还有中央电视台《小崔说事》中我班孩子唱班歌的视频，以及未来班的学生这次聚会唱班歌的视频都给您寄去！"

最后，我说："我们这次聚会很成功，同学们都写了文章，回忆这 30 年的人生经历。我们打算编一本书。今天下午我和几个学生还讨论这本书的事儿呢！我想代表同学们向您提一个请求，请您为我们这本书写几句话，好吗？"

"好！"谷老师欣然答应。我说："我代表同学们谢谢您了！您看，您对我和我学生的关心持续了 30 年！"

不知不觉 20 多分钟过去了，我祝福谷老师身体健康："您一定要保重身体啊！下次我去北京看您去！"

"好，欢迎欢迎！"谷老师依然热情而温和。

挂了电话，我赶紧到未来班微信群里告诉大家这个好消息，同学们都很激动，也很感动。

2014 年 11 月 23 日

附录：谷建芬老师来信选登

一

李老师：

您好！

来信收到。为孩子们写歌是我们的职责，正因为我们写得太少了，所以孩子们才要歌唱，这难道不是对我们的意见吗？

我常常是忙了东头顾不了西头，忙了大人的忘记了孩子，这很不应该！

能为你们写歌，为孩子们增添一点快乐，我是很高兴的。

好吧，词改好后，我就谱。

谱好后寄给你们，请提意见。

此致

敬礼！

谷建芬
1983 年 11 月 10 日

二

乐山一中未来班全体同学：

你们好！

寄来的信，收到了。

我因参加大型歌舞的创作，比较忙，未能及时复信，请原谅。

你们的要求，我答应。对于你们给予我的信任，我是非常高兴的。我给你们写的歌太少了，这是我们的工作没做好。

寄来的词看过了，我觉得需要改动一些，应该具备青少年的特点和风格为好。我请人帮助修改可以吗？改好了，我再谱。

怕你们着急，先回信告诉你们一声。

祝好好学习，天天向上！

谷建芬

1983 年 11 月 10 日

三

未来班全体同学：

你们好！

收到你们的礼物，心里真是不安。这是你们的光荣与成绩，怎么好算在我的头上呢？这样做不太公平。不过，你们的心意我全懂！

即将面临升学考试，此刻你们的心情一定是紧张而激动的。这里，我和你们讲几句：

无论考上高中或考不上高中，或者考职业技校，这只能说是学习的渠道不同而已；升学能学习，不升学做别的工作，也同样是学习，关键在于自己对人生的想法是什么。只要有追求，即使在最差的条件下也能作出贡献，闪烁出智慧的光荣，对吗？

　　你们送的礼物，吃的放不住，全家及王阿姨都品尝了，好香啊！乐山大佛和女同学送我的精美工艺，我留作纪念。心中不会忘记你们的深情厚谊。谢谢了！

谷建芬
1984 年 4 月 27 日

四

亲爱的乐山一中未来班的同学们：

　　你们好！

　　你们的来信、食品如数收到。看到它们如梦初醒。

　　如果不是李老师给我发来的一大本 30 年前的所有记事、亲笔书信、光盘视频……我想这些事是真的吗？不是在做梦吧！

　　亏得你们想得到，怕对我的提醒仍不充分，又买了 30 年前我吃过的芝麻糕……从思觉、味觉唤起我这 30 年前的梦快快醒来。这一切太神奇了！

　　说来也怪，你们在 30 年前、10 年前、3 年前的信阴差阳错没见到，因此这 30 年的空白就冲淡了所有的记忆……

　　但是今天当我看到了李校长寄来的 1983 年 11 月 10 日我给你们写的第一封信，以及这之后的九封信，等等，记忆的大门终于打开，这一切令我感慨万千，不可思议！

现在我已是 80 岁的老人了，对我来说这一切都是不可多得的机遇，但是，现在有了你们的牵挂，我居然看到了这些，这就是幸福！

现在因年事已高，更多的事不做了，我只为孩子们写少儿古诗词的新学堂歌，来安度晚年，非常舒怀。

这里请接受我对你们的衷心感谢！

谷建芬
2014 年 12 月 6 日

五

李镇西校长：

您好！

首先感谢您给我寄来的详细的资料，从中让我回想起 30 年前的时光，恍如梦。

做教育工作实际上与创作音乐是一回事，只要走心就会认真地去对待所有的细节，小得不能再小的细节也会事关大局。从你的"镇西小语"中所悟出来的道理，那正是教育的本色。一切从小做起，这也是我人生中所努力追求的。

晚年，我的养老方式就是给孩子们写古诗词歌，从中追补我人生中缺失的中国传统文化，以使我晚年会更充实些。

随信寄去三本少儿古诗歌曲：一是两册一套的音乐绘本，一是 31 首的少儿古诗词歌。希望能让武侯实验中学的孩子唱起来。

这方面有什么要求，请告知。
　　此致
冬安！

谷建芬

2014 年 12 月 7 日

在谷建芬老师家里

一

很久没失眠了,可昨晚怎么也睡不着。因为老想着第二天要去见谷建芬老师。

我刚工作时,她给我带的第一个未来班谱班歌。后来这个班毕业时,我专门去北京看望了她,替我的学生向他们敬爱的谷阿姨表达感谢。那年,谷建芬老师49岁。19年后的2003年10月,我再次去北京看望了谷老师,那时我已经工作21年,而68岁的她已经退休。这又过去了18年,我想再去看望一下谷老师。这次,我打算带着学生们去。

去年有一次通电话,我说:"谷老师,我想带着历届学生的代表去看您。他们将当着您的面唱您为他们谱曲的班歌,让您亲耳听听孩子们为您唱班歌。"谷老师说:"好呀好呀!他们多大了?"我说:"给您通过信的孩子,当年十二三岁,现在已经50多岁了!"谷老师感慨:"时间过得真快!他们都50多岁了啊!欢迎欢迎,我去四川看他们也行啊！"我说："那怎么行？我们去看您。不过，我有一个小小的请求，他们为您唱班歌的时候，您能够亲自钢琴伴奏。"她说："没问题，没问题！"

当时约定，2020年2月18日我们去她家里看望她。结果因为疫情，一推再推，推到今天。

昨晚躺在床上，我就老睡不着，兴奋啊！我把要给谷老师说的故事，要给她看的视频，要给她听的音频，要给她读的信件……都归在一个文件里，取名叫"感恩谷建芬老师"，保存在笔记本电脑上。

大概过了零点，好不容易睡着了，梦里全是在谷老师家里的事儿。一醒来，才三点二十，却怎么也睡不着了。几十年来与谷建芬老师的交往，一件件往事，包括每一个细节，如一幕幕电视剧情浮现在脑海中。五点过，我干脆起来，把要给谷老师看的资料再整理一遍。

去年，我在班级群里说了这事，让大家自愿报名。结果报名者不少，但谷老师家不可能挤太多人。于是，我决定在第一个未来班、第二个未来班和我教的最后一届学生里选。最后确定第一个班的伍建、陈建、王红川、文丽、许艳、李燕琼和第二个班的荣建、罗晓宇以及武侯实验中学的王露霖、武侯实验中学附属小学的马坭亚作为历届学生的代表。但后来，伍建因单位出了一点意外需要他去处理而无法前往；陈建前段时间去了上海，健康码变黄了，出行不方便；王红川是医生，疫情期间根本就走不了。所以，最后连我和我的两位朋友（也是谷建芬老师的粉丝）一起，总共十个人。

二

今天上午九点，当我们到达谷建芬老师家时，她已经把门打开，站在门口热情地欢迎我们了："快进来，快进来！"

我向她问好："谷老师好！"随即，同学们一一向她问好："谷阿姨好！"这是 80 年代学生的问候。"谷奶奶好！"这是我最后教的学生的问候。说来有趣，我这几个学生，大的 52 岁，小的 20 岁，已经是两代人了。但我们在 86 岁的谷建芬老师面前，都是晚辈。

在客厅里，谷建芬老师已经给我们布置好了座位，桌上摆着糖果、巧克力，还有茶水。然后，我们围桌而坐。我首先拿出我们给谷建芬老师特制的一份别致的礼物———个水晶玻璃的摆件，镶嵌进了谷老师当年给我们手写的班歌歌谱和写给孩子们的信，还有他们的照片……放在桌上，只要轻轻一转，就把人带入了美好的回忆里。

然后，我打开笔记本，调出相关文档，把"文物"一一展示给谷老师。

我首先让她听一段录音。当年她为未来班的班歌谱曲后，为了感谢谷阿姨，同学们坐在教室里，在我的口琴伴奏下演唱班歌，然后录制成磁带给谷阿姨寄去了。我今天给她听的，是当年我复制的一个副本。音频文件刚打开，是一个特别清脆悦耳的小姑娘的声音："亲爱的谷阿姨，您好！……您为我们谱的班歌，我们于 12 月 19 日收到了……我们每一个同学都相信，虽然相隔千里，但这朴素而发自肺腑的歌声，会把我们连在一起……"谷老师非常认真地听着。我指着她身后的许艳说："这美妙的声音，就是她的。"50 多岁的许艳说："谷阿姨，您好！"谷老师笑着点头。

接着就是当年全体未来班同学唱的班歌，还有《年轻的朋友来相会》等谷建芬老师的作品。听完后，我又打开一个视频，给谷老师介绍说："刚才那个声音是1983年的，31年后的2014年，就是未来班毕业30周年的聚会上，已经年近半百的同学们再次唱起了班歌。"画面上，一群中年人激情澎湃地高唱："蓝天高，雁飞来，青青松树排成排……"谷老师非常认真地听着，情不自禁地点头。

然后，我又说："这是2012年，我在成都市武侯实验中学工作时，当时的学生演唱的，这次效果更好，因为是在录音棚里录制的。"我打开一个视频，随着活泼欢快的前奏，熟悉的歌声再次响起，而且还有一幅幅画面，这是我按年代顺序展开的我的教育老照片。我一边让谷老师听，一边跟她讲："第一张照片就是刚大学毕业参加工作的我。"谷老师说："哦，真年轻，真英俊！"然后我说："这是第一个班的孩子，就是和您通过信的学生。……这是第二个未来班，您看他们正在唱班歌，而且是全校歌咏比赛，照片上担任指挥的就是今天来的这位罗晓宇。"谷老师对着罗晓宇笑了。"这是后来我的历届学生。……这是最后一届学生，您看，这歌就是这个小姑娘唱的，她参加了当时的录制。"我指着画面上一个小姑娘，"诺，就是我怀里这位小姑娘，她今天也来了，是最小的学生，今年才20岁，正在中国人民大学读本科。"马坯亚给谷奶奶打招呼，谷奶奶也对她点头微笑。

三

我跟谷老师说："您知道吗，虽然《唱着歌儿向未来》只是您为我学生谱的班歌，可也上过中央电视台呢！而且是一套。"她问："是吗？"我说："就是这个学生，"我指了指王露霖，"在央视唱的这首歌。"于是，我打开了一个视频，是当年《小崔说事》的节目。我让谷老师看了有关王露霖的片段。这个片段展示了王露霖虽然脸部烧伤，但她内心坚强、性格阳光，而且特别善良正直，赢得了主持人崔永元的敬佩。在现场，崔永元突然说："听说你喜欢唱歌，唱一首怎么样？"毫无准备的王露霖大大方方站了起来："我就唱我们的班歌吧。"于是，"蓝天飞，雁飞来，青青松树排成排……"便响彻演播大厅，后来感动了无数电视机前的观众。谷老师看到这里，也感动了。

  我让谷老师看老照片。首先看第一个未来班的毕业照。一边看，我一边解说："这个孩子叫伍建，当年他父亲突然去世，他想辍学回家种地。我们全班同学鼓励他继续学习，我还带着同学们去几十里以外的他家里看他。最后，他留下来了，完成了学业。后来他也当了中学老师，对我说：'李老师，你怎么教我，我就怎么教学生；你怎么带班，我就怎么带班。谷阿姨为我们写的班歌，也是我教的班的班歌。'但当了五年教师，不能转正，他只好离开了学生。可前几年，已经成为公司老总的他，突然接到20多年前学生的电话，说：'伍老师，我们在歌厅唱歌，点了我们的班歌，居然有！'伍建当时跟我说了，我也感到奇怪。原来我们的班歌《唱着歌儿向未来》已经收入QQ音乐了。去年伍建在农村老家请未来班的同学吃饭，说是未来班的爱让他有了今天，他要把这份爱传递给周围的人。这次他早就准备好要来看您的，但出发前几天，他的公司遇到点麻烦，非得他出面解决。他感到非常遗憾，让我一定要代他向您问好！"谷老师点头微笑："好，好。"

我继续指着照片说："这个叫王红川，也很了不起，当年的小不点。"我让谷老师看王红川当年的照片，"现在是著名的西医骨科专家了！"谷老师忍不住说："哟，长这么大了！"

我继续介绍："这是吴蔚，当年的班长，本来这次也很想来看您的，但因为她现在是法院院长，实在是走不开。还有这个陈建，本来也要来，因为健康码变黄了，所以只好放弃来了。他们都让我代他们向您问好。"谷老师依旧点头微笑："好，好。"

我又介绍文丽："这是文丽，今天也来看您了。"我又打开一张老照片："这是文丽当年写的班歌歌词。"我一句一句读给谷老师听，说："虽然后来班歌的歌词没有用文丽的，但文丽歌词中的精髓都已经体现在班歌中了。"谷老师问："她现在做什么？"我说："她现在是商场的营业员，非常善良。毕业后我和她失去了联系，前年联系上，后来我写了一篇文章《阔别37年，归来依然是少女》，因为她还保持着少女般的纯真。文丽这次来看您，是第一次坐飞机，第一次到北京。""哦，是吗？"谷老师慈祥地看着文丽，微笑着点头。我说："文丽只是普通的劳动者，但特别有爱心，当年在班上就是这样的。我的学生不管做什么，只要善良正直，就是我最优秀的学生。"谷老师频频点头，表示认同。

我又介绍李燕琼："这个小姑娘就是现在在您面前的这位，她在北师大工作。"李燕琼向谷阿姨问好，谷阿姨点头微笑致意。

四

我打开第二个未来班的照片，给她介绍："这个就是今天站在您面前的荣建，现在是北京工业大学的教授、博导，是我们国内著名的城市交通专家。"谷老师微笑着看着荣建。"这就是罗晓宇,她当年能歌善舞,班上唱班歌,她担任指挥。还有这个邱敏,本来也想来的,因事来不了,但一定要我代她向您问好,她说您是她的偶像。"谷老师点头微笑,问:"他们现在都在四川吗?"我说:"是的。我们都欢迎您去四川,去乐山呢!"

我说:"还有一些学生给您写了信,这里我念一封。"

谷建芬奶奶:

我是武侯实验中学2011届1班的学生王刚,是李镇西老师作为班主任带的最后一届学生。如今已经过去了十年,我还清晰地记得李老师教授我们班歌的场景。您为我们编谱的班歌,已经成为联系我们师生之情、同学之谊的纽带,每次聚会我们都会哼唱起您为我们作曲的班歌。也是在班歌的鼓舞下,我不忘初心,现在成了一名人民解放军军官。我将继续带着您给我们的美好嘱托,努力工作,保卫祖国,保卫人民。最后在此祝您如南山之寿,不骞不崩。

此致

敬礼!

王 刚
2021 年 11 月 26 日

谷老师一直认真地听着,我念到最后一句"不骞不崩"时,说了一句:"这孩子,还文绉绉的!"谷老师笑了。

我对谷老师说:"几十年来,我一直在想,当年我就是一个小伙子,和您素不相识,您这么一个大作曲家,怎么就想到给我和我的学生谱歌呢?"她幽默地反问我:"你怎么就想到要我给你写歌呢?"大家都笑了。

我说:"哎呀,谷老师,您可能都不知道,当时我和学生给您写了信都不知道往哪里寄,因为不知道您住在哪里啊!不过那时很幼稚的我以为名人都在北京,那谷建芬老师也一定在北京。这样范围就缩小了。但具体在北京哪里呢?刚好我订了一份《歌曲》杂志,我看这本杂志的主办方是'中国音乐家协会',我就想,既然是'中国音乐家协会',那谷建芬这么有名的中国音乐家他们肯定知道住在哪里,于是我就在信封上写了'北京《歌曲》杂志编辑部转谷建芬同志收'。"谷建芬老师笑了,大家也笑了。

"关键是您居然就收到了,而且很快就回了信。一封写给我,一封写给我的学生。"我拿出谷建芬老师当时回信的复印件,给谷老师看:"来信收到。为孩子们写歌是我们的职责,正因为我们写得太少了,所以孩子们才要歌唱,这难道不是对我们的意见吗?我常常是忙了东头顾不了西头,忙了大人的忘记了孩子,这很不应该!能为你们写歌,为孩子们增添一点快乐,我是很高兴的。"我说:"看,谷老师居然还作自我批评,认为自己'忘记了孩子'。"谷建芬老师一字一句地看着。她在给学生的信中写道:"你们的要求,我答应。对于你们给予我的信任,我是非常高兴的。我给你们写的歌太少了,这是我们的工作没做好。寄来的词看过了,我觉得需要改动一些,应该具备青少年的特点和风格为好。我请人帮助修改可以吗?改好了,我再谱。怕你们着急,先回信告诉你们一声。"我说:"看,依然是道歉,觉得自己'工作没做好'。现在哪里去找这样的艺术家?"

五

谷建芬老师很惊讶:"这么多年了,这些信你都保存着!"

我说:"那当然,您给我写的每一封信,我都珍藏着。"我拿出几封给谷老师看,谷老师看得非常认真。其中有一封是跟我解释——

……

关于音乐报的事,我这里每天人来人往,记者也是不断"干扰"。在我买来文具盒的那一天,家里也来了好多人,当然会问起我买这么多铅笔盒做什么。有人开玩笑说是不是要做"二道贩子",我说明情况之后,当然也就难以"保密"了。

……

我想,您对这事的基本态度是对的,但也不必想得过多。当然,在我们这个社会里是有人专门"做文章"的,但是,我想,我们自己坦然真诚,就不必管别人怎么说了。我现在的情况,我不是每天都在听赞美诗,我更多注意的,还是听那些骂我的人,他们常常给我一点力量。

……

我解释说:"我想起来了,当年您给我谱了歌,我怕别人风言风语,说我借您扬名,便没有声张,除了学校领导和有的老师知道,其他人都不知道。但有一天我看《北京音乐报》报道了此事,我很惊讶,便写信问您是怎么回事。您便跟我解释,还鼓励我别怕别人说什么,自己做好自己。这给我很大的鼓励。不过,八九十年代我的确有意没跟别人说您为我谱歌的事,但最近一二十年我却有意公开讲这段美好的往事,因为我就是想让更多的人知道,什么叫真正的艺术家!"

我说:"我还记得1984年8月第一次见您的时候,当时您的门上贴着一个小牌儿,上面写着'敬请来客,节约时间'。当时我就提醒自己,一定不要坐久了。门一开,您戴上眼镜热情地请我进去。我们聊了差不多一上午。我记得您说,也有人因不喜欢您的歌而对您横加指责,说您的歌是'靡靡之音',但您说:'人民喜欢,青年喜欢,这就是对我最大的奖励!'您还对我说:'一个人活着总得有个精神支柱,我的精神支柱便是我的事业!'后来我从事教育工作,遇到非议时,我就想到您这些话。"谷老师点头微笑。

"您还有一些话,影响了我。当时您对社会上出现的各种'精神鸦片'忧心忡忡,同时又坚定地说:'不管怎样,只要我们这些从事精神作品生产的人不垮,国家就有希望。我们个人的力量当然不可能扭转大局,但我要尽力守好自己脚下这块净土。做,总比不做好!'我搞教育也是这样的啊!"

说到这里,我提到了胡小鸥:"我的一个学生也是作曲家,叫胡小鸥,写了许多作品。那次来看我,我说到您,他也很敬佩您。"

谷老师谦逊地说:"我只是尽了我的本分。"

我说:"但您对我学生的付出,就不是您的本分。您给我们谱歌就不说了,还送我学生文具盒。"

我给谷老师看她为我们寄文具盒的那封信,说:"当时您给我们全班同学每人一个文具盒!而且这信的称呼,不是笼统的'同学们',而是把每一个同学的名字都写上。这多麻烦呀,您得翻开每一封信看末尾署名,然后又写到您的信的开头,整整50个名字啊！您要表达的是对每一个孩子的尊重！就这个细节，当时就感动了我。"谷建芬老师看了看信，说："这是我写的吗？"我们都笑了。我说："您看，您写的'李燕琼''许艳''文丽'，他们今天不都站在您面前吗？"

我又说："您在'这里寄去51个小文具盒'后面还专门加括弧写了一句'有一个是李老师的'，是不是怕我和学生争文具盒啊？所以您的意思是，不要抢，都有的。"她被我逗笑了，大家也笑了。

我又拿出一封信："这是您写给未来班的最后一封信，当时他们即将毕业参加中考，您这样写道：'即将面临升学考试，此刻你们的心情一定是紧张而激动的。这里，我和你们讲几句：无论考上高中或考不上高中，或者考职业技校，这只能说是学习的渠道不同而已；升学能学习，不升学做别的工作，也同样是学习，关键在于自己对人生的想法是什么。只要有追求，即使在最差的条件下也能作出贡献，闪烁出智慧的光荣，对吗？'这些话，至今都有意义，我经常把这段话读给初三的学生听。"

我说："谷老师，您当年给我谱了一首歌，对我的影响远远超出了歌本身。您并不是搞教育的，却如此爱我的学生，那我的本职工作就是教育，又有什么理由不爱我的学生呢？"

我不停地跟谷老师说着，她认真地听着，时不时点头微笑，始终那么慈祥和蔼。

六

和前两次见谷建芬老师相比，她明显不如过去健谈。也许是年龄的原因，也许是现在的心更宁静，她很多时候是慈祥地看着我，看着我们，用微笑和点头表达她的内心。但即使她坐着一言不发，静静地坐在那里，也让周围的人感觉到一种圣洁而又亲切的光。她脸上洋溢出来的慈祥，眼睛里所蕴含的清纯，让我们感到一位经历86年人生风霜后洗尽铅华的纯净、优雅与高贵，让每一个见到她的人，都不由得肃然起敬。

尤其是充满笑意的眼神透出一种婴儿般的明澈单纯——这种感觉，我去看望钱理群先生的时候有过，去看望周有光先生的时候有过，去看望资中筠先生的时候有过。

谷老师的皮肤依然如少女一般的光洁细腻。许艳赞叹说："谷阿姨，您皮肤好好啊！"她开心地笑了，说是医生给她做的护理。她的头发依然很茂密，我说："您的头发这么好，让我嫉妒啊！"她"咯咯咯"地笑了。

然后谷老师伸手拿起桌上的一盒巧克力使劲掰着，想把盒子打开，同学们赶紧接过去打开了，她抓着巧克力送给每一个同学："吃呀，吃呀！别客气！"

我说："我们给您唱班歌吧！"她说："好呀！"我说："当年，孩子们是在我口琴伴奏下唱班歌的，现在我们给您还原当年的情景！"我们面对谷老师站着，我手持口琴，随着流畅的前奏响起，七个学生唱出了活泼的班歌——

    蓝天高，雁飞来
    青青松树排成排
    我们携手又并肩
    唱着歌儿向未来

同学们团结多有爱
畅游在知识的大海
园丁辛勤来浇灌
理想之花校园里开

蓝天高，雁飞来
青青松树排成排
我们携手又并肩
唱着歌儿向未来
先辈对我们在期待
人民盼我们快成才
体魄强健心灵美
要做奋发的新一代

蓝天高，雁飞来
青青松树排成排
我们携手又并肩
唱着歌儿向未来
比高山，比大海
比不上我们对祖国的爱
历史的火把接在手
唱着歌儿向未来

同学们唱得非常投入，身子轻轻摇晃，沉浸在了美妙的少年时代，而我也回到了我的青春年华。

谷老师坐着听,听了几句显然被感染了,情不自禁地挥动双手,给我们指挥,于是,在谷老师的亲自指挥下,我们唱完了班歌。

谷老师直说:"唱得好,唱得好!"

我说:"这是我们第一次当着您的面唱班歌。一晃 40 年过去了,他们当时还是小不点,现在都 50 多岁了。"

谷老师说:"这叫小不点,大能耐!"

大家都笑了。

我又说:"不但曲子好,歌词也写得太好啦!一开头'蓝天高,雁飞来,青青松树排成排'就很有画面感。感谢王健老师,她改的歌词实在太棒了!没一句套话,或者当时应景的词儿,比如那个年代写歌,或许应该有'新长征''四个现代化'等时髦的词儿。可是,这么朴素的歌词,今天听来依然不过时,再过多少年也不会过时。"

谷老师听后却叹了口气,说:"你知道吗,王健今年年初去世了。"

"啊?"我很惊讶,"您上次和我通电话,还说她住在养老院,不停地写作嘛!我记得她比您大九岁。"

她说:"是的。每次我都是去养老院看她。"

我说:"那她也算高寿。唉,我一直想去见见王健老师,感谢她为我们的班歌作词。结果从来没见过她,也没有机会了。"

但我对王健老师的作品是很熟悉的:《让世界充满爱》,她就是词作者之一,还有《歌声与微笑》以及《三国演义》主题曲,许多脍炙人口的歌往往都是"王健词,谷建芬曲"。我们的班歌恰恰是这两位大师级的作者为我们创作,我和我的学生何其有幸!

编织童话　　**293**

谷老师走到钢琴前坐下,要给我们伴奏。于是我们围在了她身后,围在了钢琴前。谷老师伸出双手,十指非常活泼地在琴键上跳跃,熟悉的旋律便流淌了出来,我们开始唱:"蓝天高,雁飞来,青青松树排成排……"谷老师弹奏的钢琴声,我们发自内心的歌声,在客厅里悠扬和谐地回荡着。最后一个乐音终止,谷老师好像还沉浸在音乐中,我们的掌声响了起来……

七

谷老师意犹未尽,继续弹奏。她给我们看她的作品集,我们翻到《今天是你的生日,我的中国》,随着谷老师的弹奏,我们自然而然地唱了起来——

> 今天是你的生日,我的中国
> 清晨我放飞一群白鸽
> 为你衔来一枚橄榄叶
> 鸽子在崇山峻岭飞过
> 我们祝福你的生日,我的中国
> 愿你永远没有忧患,永远宁静
> 我们祝福你的生日,我的中国
> 这是儿女们心中期望的歌
> ……

这首歌我听过无数遍,每年国庆这旋律都会回荡在中国大地上,但我从来没有如此强烈地感到,久已熟悉的这首歌是这般美妙！我也从来没有这样动情地唱过这首歌。今天，我们在谷老师的伴奏下唱这首歌，感觉是世界上最幸运而幸福的人。

客厅里的一张桌子上，放满了厚厚的歌谱，一沓又一沓。那是谷老师最近创作的歌谱。谷老师抽出一份，又坐在钢琴前，给我们弹她写的新歌《慈悲的力量》，一边为我们弹，一边还高声唱着。我们热烈鼓掌。

聊天中，谷老师告诉我，她现在每天都要弹琴，每天都要下楼散步。我说："您身体不错啊！"她说："还好还好。"我说："我算了算，第二次见您距离第一次见您 19 年，第三次见您距离第二次见您是 18 年，我几乎是每 20 年见您一次，那么，再过 20 年，我还会来见您。"她笑了："那时我 106 岁了，还能见吗？"我说："能见，肯定能见。成都作家马识途已经 107 周岁了，前不久还出版了新书。您也没问题的。"大家都笑了。

我们都带去了《谷建芬经典作品选》，纷纷请她签名。然后又一一和她合影。合影时，她竖起了大拇指，我们都笑了。

两个小时很快过去了，但谷老师依然精神很好，我们又不约而同地哼起了《年轻的朋友来相会》。这时，谷老师再次坐到钢琴前，还要给我们弹琴，不过她弹的是《再次相约二十年》。她说："《年轻的朋友来相会》后 20 年，我创作了《二十年后再相会》，现在又过去 20 年了，我又创作了《再次相约二十年》！"然后她又给我们边弹边唱——

每一个起点都是二十年
光阴的酒杯把记忆斟满

一张日历就是一个起点
　　和祖国风雨同行在每一天
　　再一次相约又是二十年
　　岁月的图画把生命装点
　　一次展望就是一个惊叹
　　让付出无愧变化的每一天
　　……

我们都被感染了。

我说:"谷老师,您给我们唱这首歌,就是和我们约定,再次相约20年!"她笑了,我们大家都笑了。我却很认真地说:"您说话算数,可要守信用啊!"

我看了看时间,两个小时过去了。开始我还感觉谷老师沉静,可现在她越来越有激情,似乎意犹未尽,但不能再累着谷老师了。于是,我对谷老师说:"今天两个小时,我打上半场,主要是回忆与诉说;您打下半场,主要是弹奏与演唱。我俩一起打全场!现在宣布比赛结束!"大家又笑了。

临走,她和我们一一握手告别,一直把我们送到门口。然后微笑着挥手,不停地挥手,挥着挥着两只手举起来致意,笑着大声说:"我向你们投降!"

我们再次哈哈大笑。在她慈祥的"投降"中,我们进了电梯。

八

到了机场,我接到谷老师的电话,她再次感谢我们去看她,说她很感动。然后她请我把班歌《唱着歌儿向未来》的歌谱寄一份给她，她下次出作品集的时候将收入进去。

此刻，我在首都机场候机厅，记录这美好的时刻。既被谷建芬老师感动，也为自己自豪。感动于善良的谷老师和我一起缔造教育传奇，自豪于自己直到今天教育初心依然一尘不染。因为谷老师的善良，因为我的初心，我们共同编织的童话，今天有了一个美丽的续集。

许艳问我："李老师，您当年考大学是不是特别喜欢当老师，所以才报考师范？"我说："说真话，当时谈不上喜欢，也不反感，反正父母就是做老师的，当老师也不错。我对教育真正的热爱，是从教你们开始的。你们的天真烂漫，你们对我的爱，感动了我。我现在还记得，当时我病了，你、毛利和其他几个同学在我宿舍里哭，说是你们不听话，把我气病了，我好感动。还有一次，我在街上书店里看书，你突然伸进来一个小脑袋说'李老师好'，然后高高兴兴地回家了。这些细节都让我觉得当老师多有意思啊！慢慢地，我就喜欢上教育了。"

王露霖说："李老师对每一个同学都爱，讲道理我们都爱听。"

我说："你作为我最后一届学生，这样说，我理解，因为教你们的时候我已经工作了几十年，快退休了，有经验嘛！但许艳他们不一样，因为他们是我第一个班的学生，一点经验都谈不上，经常急躁发火，对有些'差生'，也很讨厌，不是你说的那样对每一个学生都爱。但是总体上说，我很投入，也的确爱学生，做了很多学校并没有要求我做的事，比如带你们出去玩儿，给你们读小说，等等。所以，尽管我有许多不足，但学生看得出来，我是认真负责而且爱学生的老师，所以对我的缺点便很宽容。因此，有时候我想，一个老师最重要的还是爱，智慧、方法是其次的。"

更何况，年轻时我的教育梦想，最后结出了金色的硕果。其实，几十年来，我并非一帆风顺，争议一直围绕着我，但因为我怀着对教育的梦想，其他的都微不足道了。我想到年轻时读过居里夫人的一句话："我们要把人生变成一个金色的梦，然后再把这个梦变成现实。"

我做到了。

2021 年 12 月 5 日下午速写于首都机场候机厅